hommage respectueux de l'auteur à Monsieur le Comte de La Borde.

RAPPORT

elatif aux Entreprises de Constructions dans Paris, de 1821 à 1826, et à l'Interruption des Travaux depuis cette dernière année.

ARRÊTÉ

Relatif à la publication d'un Rapport concernant les Entreprises de Constructions dans Paris, et à l'Interruption des Travaux depuis 1826.

Nous, Conseiller d'État, Préfet du département de la Seine;

Vu la décision de S. Ex. le Ministre de l'intérieur, du 7 juillet 1828, en vertu de laquelle a été formée une commission d'enquête à l'effet de rechercher les causes de la stagnation et du discrédit des spéculations ayant pour objet le percement de rues nouvelles et la construction de quartiers neufs dans la ville de Paris;

Vu notre arrêté du 31 juillet de la même année, portant qu'un rapport nous sera adressé sur les diverses questions posées par ladite commission, et qu'il devra être appuyé de pièces, plans et documens nécessaires;

Considérant que le rapport dont il s'agit présente un grand nombre de faits administratifs dont il importe de répandre la connaissance, et que la publication de ces documens peut contribuer à donner une direction plus utile aux entreprises de constructions;

Que l'énumération des travaux qui ont été exécutés dans chacun des arrondissemens, et la comparaison des résultats avec les accroissemens respectifs de la population, offrent un grand intérêt fondé sur des détails recueillis et exposés avec beaucoup de soin;

34..

Que cette comparaison est propre à faire connaître les avantages qui résulteraient d'entreprises judicieuses, ou les inconvéniens inséparables de projets imprudens;

Considérant en outre que l'Administration doit toujours regarder comme utile à l'ordre public et à l'intérêt des particuliers la libre publication des documens statistiques, afin d'attirer l'attention générale sur les objets les plus importans de l'économie civile;

Que les faits et les vues consignés dans le rapport cité pourront éclairer des questions d'un haut intérêt, et que l'objet de ce mémoire se rapporte naturellement aux documens statistiques que l'administration est parvenue à rassembler et qu'elle a successivement publiés dans le présent recueil,

ARRÊTONS :

Sous les réserves ci-après exprimées, le rapport sur les nouvelles constructions urbaines sera imprimé dans son entier et inséré dans le tome IV des *Mémoires statistiques de la ville de Paris.*

Il est expressément déclaré qu'en ordonnant cette publication, l'Administration ne donne aucun caractère public d'authenticité et de certitude précise aux détails que cette pièce renferme, et que, sans adopter ou rejeter les vues particulières de l'auteur, elle se réserve l'examen des questions auxquelles ces vues se rapportent, attendu, 1.° que plusieurs des questions dont il s'agit sont évidemment législatives; 2.° que la commission d'enquête précédemment formée demeure chargée d'exprimer son opinion sur les objets mentionnés dans le rapport, et qu'il ne sera rendu aucune décision administrative qu'après avoir reçu les avis et propositions de cette commission.

Fait à Paris, le 27 avril 1829.

Signé CHABROL.

RAPPORT

Relatif aux Entreprises de Constructions dans Paris, de 1821 à 1826, et à l'Interruption des Travaux depuis cette dernière année (1).

MONSIEUR LE COMTE,

Les principaux entrepreneurs des quartiers neufs de Paris ont adressé, tant au ministre de l'intérieur qu'au ministre des manufactures et du commerce, une pétition dans laquelle ils exposent la situation critique de ces entreprises, et demandent que l'administration vienne à leur secours.

Ces pétitions ont fixé l'attention de leurs excellences. « Leur » objet n'est que fort indirectement lié aux attributions de mon » ministère, dit le ministre du commerce dans une lettre qu'il » vous a écrite, sous la date du 29 avril 1828; mais il s'agit » d'entreprises dont les opérations, l'activité, les embarras, in- » fluent d'une manière très-notable sur la circulation des capitaux » et sur le crédit commercial et industriel. A ce titre, le sort de ces

(1) Ce rapport est dû à M. Daubanton, l'un des deux inspecteurs généraux de la voirie de Paris.

» vastes associations ne peut m'être indifférent ni étranger. Les péti- » tionnaires desireraient qu'une commission spéciale fût formée pour » examiner quelles mesures pourraient être prises en faveur des entre- » prises en cours. Vous jugerez, Monsieur le Comte, si ces proposi- » tions seraient admissibles, et si elles pourraient être utiles. Je sais » qu'il n'est pas besoin de provoquer chez vous de l'intérêt pour des » affaires dont la ruine a des conséquences si fâcheuses; ce ne sera » jamais le desir d'y porter remède, s'il est possible, qui vous man- » quera: j'apprendrai volontiers ce que vous aurez jugé à propos de » faire sur la demande des pétitionnaires. »

Le ministre de l'intérieur, dans les attributions de qui l'objet de la pétition était directement placé, a ordonné, sur votre rapport, Monsieur le Comte, qu'il serait fait une enquête. Voici la décision de son excellence :

« J'ai examiné la note que vous avez mise sous mes yeux relative- » ment au mémoire présenté par les principaux fondateurs des en- » treprises qui se sont formées depuis quelques années dans Paris, » pour la construction de nouveaux quartiers. Les vues que vous » avez indiquées à ce sujet m'ayant paru mériter un examen parti- » culier, j'adopte volontiers la proposition d'en charger une com- » mission spéciale, qui sera composée, sous votre présidence, des » membres que vous m'avez désignés, savoir :

» MM. Alexandre Delaborde, membre de la Chambre des députés;

» Outrequin,
» Leroy,
» Breton, } membres du conseil général de Paris;

» Rohault, architecte, membre du conseil des bâtimens civils.

» Je vous engage à me faire connaître le résultat de la délibération » de la commission. »

C'est pour la première fois, à la préfecture de la Seine, que l'enquête officielle est appliquée à une question d'intérêt général. Cette innovation ne peut manquer de produire d'heureux résultats, car la recherche de la vérité est aussi le besoin de l'époque actuelle. Ce n'est qu'en donnant la plus grande publicité à des renseignemens positifs, en mettant chacun à portée de les rapprocher, de les comparer, de s'éclairer en un mot sur la véritable situation des choses, qu'on parviendra à dissiper l'irrésolution funeste qui s'est emparée depuis quelque temps des esprits, à détruire les préventions qui reposent sur des erreurs, à ramener la confiance, et avec elle la circulation des capitaux.

Dans la grande enceinte de Paris, au XIX.e siècle, l'ancienne Lutèce n'a plus guère qu'une importance historique; les enceintes successivement élevées,

Sous Philippe Auguste,
Sous François I.er,
Sous Charles IX,
Sous Henri IV,
Sous Louis XIII,
Sous Louis XIV,

ont elles-mêmes disparu.

Si Paris n'occupe pas par son étendue le premier rang dans l'ordre des cités, si l'Asie renferme quelques villes plus populeuses, en Europe du moins, Paris, comme grande capitale, prend sa place immédiatement après Londres.

Aussi n'y a-t-il pas de petites questions quand c'est à Paris qu'elles s'appliquent; elles prennent alors une importance proportionnée à l'objet auquel elles se rattachent. C'est ainsi, Monsieur le Comte, qu'une pétition contenant l'expression du malaise d'un grand nombre de capitalistes, a conduit la commission à rechercher non-seulement quelle a été l'influence directe de leurs entreprises sur l'embellissement de la ville, sur sa richesse immobilière, sur ses revenus, mais à embrasser, dans le cercle plus étendu de ses investigations, les rapports généraux du nombre des habitans avec le nombre des habitations, et l'état de la ville sous les points de vue de circulation et de salubrité. En économie politique, tout s'enchaîne, tout se lie intimement, tout s'entr'aide pour un but commun, et la puissance d'une action simultanée peut seule produire de grands résultats.

I.re PARTIE.

CHAPITRE PREMIER.

N'a-t-on pas bâti depuis quelques années un trop grand nombre de maisons? Les constructions habitables ne sont-elles pas aujourd'hui hors de toute proportion avec la masse des habitans? Telle est la plus importante des questions à éclaircir, et celle qui doit se présenter la première dans l'ordre de la discussion.

Des documens publiés sous l'administration qui vous a précédé, indiquent qu'en 1804 la population de Paris était de 547,756 individus.

Suivant les tableaux n.os 3 et 4 du premier volume de la Statistique publiée par vous, Monsieur le Comte, on comptait à Paris, en 1817, 713,966 individus.

Ainsi, dans l'intervalle de treize années, qui sépare ces deux époques, la population de Paris s'était accrue de 166,210 personnes.

Enfin, en 1827, le nombre des habitans montait, d'après le n.° 154 du Bulletin des lois de cette même année, à 890,431. C'était, en neuf ans, un nouvel accroissement de 176,465 personnes; et, depuis 1804, un accroissement total de 342,675.

Le relevé des naissances vient confirmer ces calculs.

On y voit qu'en 1804 il est né à Paris 19,911 enfans, nombre qui, multiplié par 30, d'après les données sur la matière, produit 597,330. Les documens cités plus haut n'indiquent, comme nous l'avons vu, que 547,756.

En 1817, il est né 23,759 enfans; ce qui suppose une population de 712,770, au lieu de 713,966 indiqués dans le volume de Statistique publié en 1821.

Enfin en 1826, il est né 29,970 enfans, ce qui suppose une population de 899,100, au lieu de 890,431 indiqués au Bulletin des lois.

Au surplus, l'accroissement de la population n'est point un fait qui se fasse remarquer à Paris seulement. Le progrès est général; il a lieu dans toute la France, dans toute l'Europe.

Le second rapport de M. William Jacobs sur l'état de l'agriculture et des subsistances d'une grande partie de l'Europe (Londres, 1828) ne laisse aucun doute à ce sujet.

On y voit que, depuis la paix, la population de la Russie d'Europe s'est accrue d'environ 7,000,000 d'ames;

Celle de la Prusse, d'une manière plus surprenante encore; car de 1817 à 1827, l'augmentation a été de 1,849,561, sur une population qui, en 1817, n'était que de 10,572,843.

L'Autriche, l'Angleterre, les Pays-Bas, la Suède, la Norwége, le Danemarck, la Suisse, &c., ont suivi, à des degrés différens, ce mouvement progressif.

La France n'y est point restée étrangère. Des écrivains ont évalué à 200,000 personnes par année l'augmentation de la population du royaume; et en effet, *le Mouvement de la population de la France pendant l'année 1826, fourni par le ministère de l'intérieur,* et rapporté dans l'Annuaire du Bureau des longitndes de 1828, confirme cette appréciation. On y voit que, depuis 1817 inclusivement jusqu'en 1825 aussi inclusivement, la population de toute la France a augmenté de 1,774,524 ames, ou, en moyenne, de 197,168 par année. Enfin ce fait est encore démontré par le relevé de la population de plusieurs grandes villes du royaume qui présente, de 1821 à 1827, une augmentation moyenne de 1/11.e

On comptait:

A Lyon,	en 1822... 131,258;	en 1827... 145,675.	Augm. 0,11.
Marseille,	109,483;	115,943.	0,06.
Bordeaux,	96,944;	93,546.	Dimin.

	1822	1827	Augm.
A Rouen, en 1822...	86,736;	en 1827...90,000.	Augm. 0,03.
Nantes,	68,427;	71,739.	0,04.
Lille,	64,291;	69,860.	0,06.
Toulouse,	53,328;	69,731.	0,30.

Terme moyen, 0,110, ou par an 0,022.

(*Extrait du Bulletin des lois.*)

Vous venez de voir, Monsieur le Comte, dans quelle proportion le nombre des habitans de Paris s'est accru depuis 1804 jusqu'en 1827. Voici maintenant quelle a été, dans le même temps, l'augmentation des constructions d'habitations.

Les documens déjà cités, et publiés par M. Allard, indiquent qu'en 1804 Paris renfermait 25,086 maisons.

Le premier volume de la Statistique de la Seine fait monter ce nombre en 1817, d'après le recensement officiel, à 26,801.

1,715 maisons de plus qu'en 1804.

Enfin, suivant un relevé nouveau et très-exact des permissions d'alignement délivrées à la préfecture de la Seine, depuis 1817 exclusivement jusques et compris les six premiers mois de 1828, on a bâti, pendant ces dix ans et demi, 2,666 maisons.

Il faut en retrancher,

1.° Les maisons démolies depuis 1817, pour cause de vétusté ou par spéculation, et qui ont été remplacées par des maisons neuves comprises dans ce relevé de 2,666;

2.° Les maisons qui, aussi depuis 1817, ont été démolies, et dont l'emplacement a été, ou livré à la circulation, ou employé à des constructions d'utilité publique.

On peut conclure du tableau n.° 101 du 2.e volume de la Statistique de la Seine, relatif au dégrèvement de la contribution foncière, que les maisons qui ont été démolies par spéculation ou pour cause de vétusté, sur la réquisition de la police, depuis 1807 jusqu'en 1821, peuvent être évaluées à 511, ou 36 en moyenne par année.

Cette évaluation paraît se rapprocher de la réalité; car le relevé des maisons démolies pour cause de vétusté, d'après les injonctions de la police, est de 158 depuis 1817 exclusivement, ou 15 en moyenne par année : resteraient donc 21 maisons démolies et rebâties chaque année par spéculation, ce qui n'a rien d'exagéré.

En admettant ces bases, le nombre total des démolitions par spéculation ou par vétusté, est de 144 de 1817 exclusivement à 1821.

Elles n'ont pas dû diminuer depuis 1821 jusqu'en 1828; au contraire, elles ont été plus nombreuses. Je les porte à 40 par année, au lieu de 36; ce qui produit 260 maisons qui, avec les 144 dont il vient d'être parlé pour les quatre années antérieures, donnent un total général de 404 à retrancher des 2,666.

Quant aux maisons dont l'emplacement a été, ou livré à la circulation, ou employé à des constructions publiques, on pourrait aussi en faire, d'après ce même tableau n.° 101 du 2.e volume de la Statistique, une évaluation assez exacte; on trouverait que le chiffre total est de 552, et la moyenne de 39 par année, pour les quatorze années écoulées de 1807 à 1821.

Mais s'il est vrai que les plus grands travaux ont été exécutés à Paris dans cet espace de temps, soit par le Gouvernement, soit par la ville, il faut reconnaître cependant que les circonstances politiques avaient singulièrement ralenti leur activité pendant les quatre dernières années. La moyenne de 39 ne me paraît donc pas pouvoir leur être applicable, et je ne l'énonce ici que comme un simple renseignement.

A partir de 1821, les travaux du Gouvernement se sont ralentis, mais ceux de la ville ont pris plus de développement. La moyenne des démolitions produites par les uns et les autres, en remontant jusqu'à 1817, peut être fixée sans exagération à 27 par an, ce qui donne, pour les dix ans et demi, 283 maisons (la ville seule en a démoli au moins 270).

En retranchant donc sur les 2,666 maisons neuves :	2,666.
1.° Démolitions pour vétusté ou par spéculation. 404. 2.° Démolitions en vue d'utilité publique .... 283.	687.
On n'a plus que	1,979.
A quoi ajoutant, d'après le recensement officiel de 1817	26,801.
On trouve pour total général	28,780.

Mais ce relevé n'est relatif qu'aux maisons ayant face sur la voie publique, parce que ce sont les seules pour lesquelles il soit nécessaire d'obtenir une autorisation administrative. Il faut donc en outre tenir compte des constructions d'habitations qui ont été faites depuis 1817 dans l'intérieur des propriétés particulières; il faut aussi tenir compte de l'exhaussement de beaucoup de maisons neuves depuis la même époque.

Quant aux exhaussemens, nous en connaissons positivement le nombre (il est de 1,079 depuis 1817), mais non pas l'importance : on aurait pu parvenir à la déterminer par la recherche et le dépouillement de toutes les demandes qui ont été présentées à la préfecture ; mais ce travail, d'un intérêt médiocre, aurait exigé plus de temps que je n'en avais à ma disposition. Je crois, au reste, que la somme des exhaussemens depuis 1817 peut tout au plus équivaloir au tiers du nombre des propriétés exhaussées, par conséquent à 360 maisons neuves.

On a fait beaucoup de constructions intérieures, mais seulement à partir de 1821, lorsque le percement de plusieurs rues nouvelles eut fait naître chez quelques propriétaires l'espoir de réaliser facilement des bénéfices considérables en augmentant leurs constructions anciennes aux dépens des cours et des jardins qui en faisaient l'agrément et peut-être en rendaient la location plus facile. A défaut de renseignemens précis, j'ai évalué à 15 p. o/o des constructions sur rue, depuis 1821 seulement, les constructions intérieures; cela produit 332 maisons, et je doute même qu'il en ait été fait un aussi grand nombre.

Ainsi les exhaussemens des maisons vieilles et les nouvelles constructions d'habitations faites dans l'intérieur, peuvent ensemble, dans mon opinion, équivaloir à 692 maisons neuves. En les ajoutant aux 1,979 dont il a été parlé plus haut, on a au total 2,671 maisons nouvelles, ou leur équivalent.

Cela posé, voici le rapport entre les habitans et les maisons aux trois époques prises pour point de comparaison.

En 1804, 547,756 habitans, 25,086 maisons; 21 habitans 88 centièmes par maison.

De 1804 à 1817, la population s'est accrue de 166,210 individus, et le nombre des maisons de 1,715. Si on les supposait des mêmes dimensions que les anciennes, c'est-à-dire, pouvant loger, en moyenne, 21 habitans 88 centièmes, elles n'auraient pu contenir ensemble que 37,524; ainsi il y aurait eu un excédant de population de 128,686.

Mais il est hors de doute que les maisons nouvelles sont généralement plus considérables que n'étaient les anciennes. Nous chercherons tout-à-l'heure à déterminer leur importance.

De 1817 à 1827, la population s'est accrue de 176,465, et le nombre des maisons de 1,979; à quoi il faut ajouter, pour représenter les constructions intérieures et les exhaussemens, 692; ce qui équivaut à 2,671. En admettant pour un moment qu'elles ne pussent contenir aussi que 21 habitans 88 centièmes en moyenne, les 2,671 maisons auraient suffi au logement de 58,441 individus. Ainsi encore l'excédant de la population serait de 118,024. Mais, comme je viens de le dire, les maisons nouvelles sont plus vastes que n'étaient les maisons anciennes, prises pour un des termes du rapport de 1804. Celles-ci étaient considérées comme ayant, en moyenne, 32 fenêtres, ce qui suppose une façade moyenne de 10 mètres.

Pour que vous puissiez avoir, Monsieur le Comte, une idée approximative de l'étendue des nouvelles maisons, j'ai fait pour chaque rue le relevé des longueurs de face indiquées dans les permissions de voirie depuis le 1.er janvier 1818.

J'ai touvé que les 2,666 maisons bâties, à partir de cette époque jusques et compris le 30 juin 1828, ont un développement de face de 38,005 mètres; donc en moyenne, 14 mètres 25 de face, pour chaque maison, au lieu des 10 mètres des maisons anciennes (1). Suivant la même proportion, les maisons nouvelles pourraient contenir en moyenne 31 habitans 17 cent., toutes choses

(1) Les maisons bâties depuis 1817 ont, en moyenne, 14 mèt. de face environ. Celles dont le nombre est indiqué dans les documens publiés par M. Allard, étaient supposées n'avoir que 10 mètres de face seulement. Il s'ensuit qu'il y a eu augmentation de 42 p. % dans l'étendue de face des nouvelles maisons. On comptait dans les premières, 32 fenêtres; les nouvelles doivent, dans la même proportion, en avoir 45.

Or, voici l'extrait des portes et fenêtres portées au rôle:

En 1817..	Fenêtres de 1.re classe	645,522.	882,715.
	Idem..... 2.e *idem*	237,093.	
En 1827..	Fenêtres de 1.re classe	754,520.	1,041,060.
	Idem..... 2.e *idem*	286,540.	
	Différence		158,355 fenêtres.

Ce nombre, divisé par 45, donnerait 3,519 maisons neuves au lieu de 2,671 indiqué ci-dessus; différence 848. Mais il faut remarquer que le total des fenêtres de 1817, présentait déjà à cette époque un excédant de 25,083 sur le produit du nombre des maisons multiplié par 32, et pourtant ce nombre était donné par un recensement officiel. La différence s'explique par le progrès des opérations du cadastre, qui ont fait reconnaître que les maisons avaient beaucoup plus de portes et fenêtres que n'en portaient les précédens états. C'est à la même cause qu'il est raisonnable d'attribuer le nouvel excédant de 133,272 fenêtres de 1817 à 1827; en sorte qu'en ayant égard, comme il convient, à cette circonstance, les calculs précédens, qui s'appliquent aux maisons neuves soit sur rue, soit dans l'intérieur des propriétés, et aux exhaussemens, paraissent s'approcher beaucoup de la vérité.

supposées égales d'ailleurs. Mais la plupart des maisons neuves ont été élevées aussi haut que les réglemens le permettent. La plus grande hauteur est de 18 mètres, et j'ai cru devoir prendre pour base ce terme extrême, quoique toutes les maisons, à beaucoup près, n'aient pas atteint cette élévation. J'ai donc cherché à déterminer combien une maison de 14 mètres de façade, 12 mètres de profondeur (c'est la profondeur ordinaire d'un bâtiment double) et 18 de hauteur, peut contenir d'habitans.

Ces dimensions produisent 3,024 mètres cubes. On peut déduire, pour les épaisseurs des murs, les escaliers, en un mot pour les espaces qui ne sont point occupés, 624 mètres. Reste donc 2,400 mètres pour les parties réservées à l'habitation.

Suivant Treldgold, dans son ouvrage sur l'économie des constructions, il est nécessaire d'accorder au prisonnier 17 mètres cubes d'espace.

Il semble que ce n'est pas traiter trop favorablement l'homme qui est en état de liberté que de le faire jouir d'un espace quadruple : car le prisonnier dont parle Treldgold est supposé toujours en état de santé et dans une sorte d'inertie obligée. Pour l'autre, au contraire, il faut tenir compte des maladies et du mouvement ; il faut tenir compte de la quantité d'air absorbée par les animaux domestiques qui vivent souvent avec lui ; il faut sur-tout faire attention que, suivant les calculs de Treldgold, le charbon qu'on brûle dans chaque habitation absorbe seul 10 mètres cubes d'air par kilogramme. En admettant donc que chaque habitant doive avoir au moins 68 mètres cubes, on trouve qu'une maison qui a 14 mètres de face, 12 de profondeur et 18 de hauteur, ne devrait pas contenir plus de 35 personnes.

Mais peut-être ces données, empruntées à une théorie éclairée, ne sont-elles pas conformes à la réalité : voyons donc comment est occupée en effet, le plus souvent, une maison des dimensions de celle dont je viens de parler.

Au rez-de-chaussée...	2	boutiques.......	2 locations.
Au 1.er étage........	1	grand appartement.	1.
Au 2.e *idem*........	2	petits *idem*......	2.
Au 3.e *idem*........	2	*idem*...........	2.
Au 4.e *idem*........	3	*idem*...........	3.
Au 5.e *idem*........	3	*idem*...........	3.
		TOTAL........	13.

Les maisons de Paris, en 1817, offraient 2 personnes 89 centièmes en moyenne, pour chaque location. Si l'on suppose 3 personnes pour les locations de maisons neuves, on trouve dans chacune d'elles 39 habitans.

Ainsi, en supposant en somme ronde 40 personnes par maison neuve, et en assimilant pour l'importance les maisons construites de 1804 à 1817, aux maisons construites de 1817 à 1828, on voit que les 1,715 de la première période pouvaient loger 68,600 personnes au lieu de 128,686, qui formaient l'augmentation de la population, différence 60,086; et que les 2,671 maisons comprises dans la deuxième période, pouvaient loger 106,840 au lieu de 176,465, différence 69,625. En sorte que, pour contenir le double excédant de population de 1817 et de 1828, il manquerait 3,242 maisons supposées avoir en moyenne 18 mètres de hauteur, 12 de profondeur et 14m,25 de façade (1).

(1) On pourrait objecter que les 687 maisons anciennes que j'ai déduites des 2,666 maisons neuves, devraient être réputées ne contenir que 21 habitans 88 cent., et que je les aï cependant retranchées d'un nombre de maisons que je suppose devoir pouvoir contenir 40 personnes. A cela je réponds que les 1,715 maisons bâties de 1804 à 1817, n'étaient certainement pas aussi considérables que celles qu'on a bâties de 1817 à 1827; que pourtant j'ai supposé qu'elles pouvaient contenir un nombre semblable d'individus, et que dès-lors j'ai cru pouvoir, par compensation, et aussi pour la facilité des calculs, supposer que les 687 démolies avaient la même importance. Si, au surplus, on préfère les considérer comme ne contenant que 21 habitans 88 centièmes, on trouvera que les 687 n'équivalaient qu'à 375 de la contenance de 40 personnes. Il y aura donc une différence de 312 maisons, ou de 12,480 personnes; on aura 119,320, au lieu de 106,840; et le chiffre de 69,625 se trouvera réduit à 57,145.

Cependant on pense généralement qu'il y a aujourd'hui un bien plus grand nombre de maisons à louer qu'autrefois.

La commission avait demandé qu'on lui mît sous les yeux le relevé des vacances depuis 1821, pour les appartemens du prix de 500, 1,000, 1,500, 2,000 francs et au-dessus.

En indiquant cette distinction, la commission avait sur-tout en vue de connaître si les nouvelles constructions ne contenaient pas trop d'appartemens d'un prix élevé.

Je n'ai pas pu me procurer l'état comparé des vacances avec les loyers; j'ai obtenu seulement le relevé général des vacances déclarées pour chaque arrondissement municipal, depuis 1821 jusqu'en 1827. Il présente les résultats suivans :

ANNÉES où les vacances déclarées ont lieu.	DÉGRÈVEMENS accordés pour les vacances reconnues.	REVENUS NETS des locaux vacans, calculés d'après les dégrèvemens.	REVENUS réels de ces locaux.	*OBSERVATIONS.*
1821.	111,417.	452,987.	603,983.	L'administration prononce sur les vacances d'octobre en octobre, afin de pouvoir arrêter, avant la confection des rôles, la somme totale des réimpositions qui doivent faire partie desdits rôles. Ainsi, les dégrèvemens accordés en 1821, ont été l'effet des vacances des trois derniers mois de 1820, et des neuf premiers mois de 1821. Il a été procédé de même pour les exercices subséquens.
1822.	82,206.	396,608.	528,811.	
1823.	87,772.	423,462.	564,616.	
1824.	109,096.	549,723.	732,964.	
1825.	104,830.	547,182.	729,576.	
1826.	128,641.	699,052.	932,069.	
1827.	172,361.	998,834.	1,331,779.	
1828.	218,616.	1,300,075.	1,733,443.	

Jusqu'ici, Monsieur le Comte, vous n'avez considéré que les masses; vous n'avez donc embrassé que des rapports généraux. Les documens recueillis ont démontré qu'il y a eu augmentation progressive et constante dans la population, et que le nombre des habitations s'est aussi accru, mais non pas dans une proportion pareille, en sorte que généralement la population de Paris est aujourd'hui logée beaucoup plus à l'étroit qu'elle ne l'était en 1804 et même en 1817.

Mais si vous descendez maintenant de l'ensemble aux divisions partielles; si, pénétrant dans l'intérieur de chaque arrondissement municipal, vous substituez aux supputations moyennes des calculs spéciaux fournis par une observation plus circonscrite; si enfin vous voulez vous rendre compte de la manière dont se sont respectivement réparties, dans les divers quartiers, les constructions neuves et la population nouvelle, la conséquence à laquelle vous avez été conduit tout-à-l'heure, va prendre dans plusieurs cas un caractère de gravité qui appellera toute votre attention.

I.er ARRONDISSEMENT.

Le premier arrondissement est un des plus étendus; sa superficie est de 5,853,650 mètres carrés. On y trouve la plus belle promenade de Paris, de grands quais, trois ponts, de vastes places, des rues larges et bien percées, de magnifiques avenues, des édifices imposans, enfin le Louvre et les Tuileries. C'est, sans aucune comparaison, le plus beau quartier de Paris; c'est aussi celui sur lequel se sont plus particulièrement portées les entreprises : on y a ouvert les quartiers de François I.er, de Beaujon, de l'Europe; on y a percé les rues Godot, de la Ferme, des Écuries d'Artois, Castellane; on y a, depuis 1817, bâti 509 maisons (1).

On y a exhaussé 123 maisons anciennes; ce qui équivaut, d'après les évaluations qui précèdent, à 41 maisons neuves. Les constructions intérieures n'y ont pas été très-nombreuses; j'en porte le nombre à 50 seulement.

Les constructions d'habitations faites dans le 1.er arrondissement,

(1) Les maisons neuves du premier arrondissement ont, en moyenne, 15 mètres 67 centimètres de face.

depuis 1817, peuvent donc équivaloir à................ 600.

Il faut en déduire :

1.° Les démolitions faites pour vétusté ou par spéculation................................	60.	71.
2.° Les démolitions faites en vue d'utilité publique....	11.	
Reste net................		529.

On y comptait, à la même époque, 52,421 individus et 1,984 maisons, ou 26 individus 42 centièmes par maison.

On y compte aujourd'hui 72,101 individus.

Ainsi la population s'est augmentée de 19,680 ; les maisons, de 529, lesquelles, à raison de 40 personnes par maison, offrent de quoi loger 21,160 : et comme la population ne s'est accrue que de 19,680, on peut dire qu'on a trop bâti dans cet arrondissement. Cependant les vacances n'y ont pas éprouvé une augmentation plus considérable que dans quelques autres quartiers.

Elles étaient,

En 1821, de................	19,692.
1822...................	13,204.
1823...................	15,663.
1824...................	23,724.
1825...................	20,843.
1826...................	22,832.
1827...................	31,902.

Enfin l'étendue superficielle du 1.er arrondissement (déduction faite de l'emplacement des Tuileries, des Champs-Élysées et du parc de Monceaux, divisée par le nombre des habitans, donnait 99 mètres d'espace pour chacun en 1817, et 81 mètres en 1827.

II.e ARRONDISSEMENT.

Le deuxième arrondissement n'a en étendue que 2,229,880 mètres; ce n'est pas la moitié de celle du premier, et la population en est plus nombreuse. Elle était en 1817 de 65,523; elle s'est augmentée de 13,136; ce qui la portait, en 1827, à 78,659.

C'est, après le premier arrondissement, celui dans lequel on a le plus bâti. On y a formé le quartier Saint-Georges, ouvert la rue Chaptal, une autre rue non encore dénommée qui conduit de la rue Pigale à la Barrière-Blanche; les rues du Delta, Neuve d'Artois, Neuve Ventadour, une rue encore sans nom partant de la barrière Pigale et aboutissant à la rue Laval: 359 maisons y ont été construites depuis 1817 (1), ci.................. 359.

Il faut ajouter, 1.° 44 maisons pour tenir lieu des exhaussemens au nombre de 133, ci......................... 44.

2.° Pour les constructions intérieures................. 70.

Le total est de............. 473.

À DÉDUIRE:

1.° Démolitions faites pour vétusté ou par spéculation.	70.	84.
2.° Démolitions faites en vue d'utilité publique......	14.	

Reste net................. 389.

qui, ajoutées aux 2,244 qui existaient déjà en 1817, donnent pour total général 2,633. Les 389 maisons neuves du deuxième arrondissement peuvent contenir 15,560 personnes.

Les constructions neuves ont donc aussi dépassé, dans cet arrondissement, les besoins de la population. Il est d'ailleurs bien percé; les rues y sont multipliées, généralement assez droites, assez larges même; on y trouve la place Vendôme, la place de la Bourse, celle des Italiens, la belle promenade du Palais-Royal, l'abattoir Montmartre, &c.

(1) Les maisons neuves du deuxième arrondissement ont, en moyenne, 17 mèt. 48 cent. de face, largeur beaucoup plus considérable que celle d'aucun autre arrondissement.

La superficie qu'occupe le deuxième arrondissement, divisée par la population, donnait 35 mèt. 10 cent. par personne en 1817, et $29^{m},24$ seulement en 1827.

Enfin les vacances y ont sensiblement augmenté depuis 1826 :

En 1821	21,326.
1822	19,388.
1823	21,791.
1824	23,026.
1825	21,931.
1826	26,365.
1827	46,003.

III.e ARRONDISSEMENT.

Le troisième arrondissement se compose de deux parties distinctes, séparées par le boulevart, et si peu liées entre elles, qu'à la vue du plan on les croirait étrangères l'une à l'autre.

Son étendue superficielle est de 1,264,013 mètres; ce n'est pas le quart de la superficie du premier; c'est à-peu-près la moitié de celle du second.

Dans la partie située au-delà du boulevart intérieur, on a percé la rue Chabrol, et tout le nouveau quartier du clos Saint-Lazarre appelé quartier Poissonnière. Dans la deuxième partie, en-deçà du boulevart, et la plus populeuse, on n'a fait par spéculation aucun percement nouveau.

Le troisième arrondissement ne renfermait autrefois qu'une seule place, la place des Victoires; il faut y ajouter maintenant la belle place Charles X. Quoiqu'il manque aussi de promenades, il est assez sain, parce que les rues y sont généralement droites et de moyenne largeur. Quelques-unes cependant auraient besoin d'être élargies : telles sont les rues Tiquetonne, J.-J. Rousseau, du Cadran, du Jour, Saint-Pierre, du Croissant, Saint-Joseph, Saint-Roch, Pagevin, du

Petit-Reposoir, Soly. On a très-peu bâti dans cet arrondissement, qui est pourtant situé au centre des affaires. On n'y compte, depuis 1817, que 115 maisons neuves (1), ci.................. 115.

Plus 21 maisons pour tenir lieu des exhaussemens au nombre de 64, ci.................................. 21.

Et par approximation, 20 maisons neuves intérieures, ci.. 20.

Au total.............. 156.

Il faut en déduire :

1.° Les démolitions faites pour vétusté ou par spéculation. 35.
2.° Les démolitions en vue d'utilité publique......... 7. } 42.

Reste net................ 114.

Cependant la population n'a pas laissé de s'accroître dans le troisième arondissement. Elle était, en 1817, de 44,932 individus; en 1827, de 54,167; différence, 9,235.

Les 114 maisons neuves peuvent contenir 4,560 personnes.

Ainsi, dans cet arrondissement, on n'a pas fait autant de constructions neuves qu'en comportait l'augmentation de la population: cependant déjà, en 1817, le rapport entre le nombre des habitans et celui des maisons était le plus défavorable de tous; car les 42,932 personnes n'avaient pour se loger que 1,435 maisons, ce qui supposait 32 par maison. Le nombre des maisons est porté aujourd'hui à 1,549.

Enfin, la superficie qu'occupe l'arrondissement, divisée par la population, donnait pour chacun, en 1817, un espace de 29 mèt. 45 cent., réduit aujourd'hui à 23 mèt. 33 centimètres.

(1) Les maisons neuves du troisième arrondissement ont, en moyenne, 13 mètres 29 centimètres de face.

Un fait remarquable, c'est que, quoiqu'on ait très-peu construit dans le troisième arrondissement, et que la population s'y soit augmentée, les vacances y sont devenues beaucoup plus considérables que dans tous les autres quartiers.

En 1821, de..............	6,534.
1822.................	6,488.
1823.................	2,403.
1824.................	8,141.
1825.................	11,367.
1826.................	14,755.
1827.................	28,938.

IV.e ARRONDISSEMENT.

Nous voici parvenus à l'arrondissement le moins étendu de tout Paris. Il ne contient que 559,604 mèt., et il renfermait, dès 1817, 2,032 maisons, 587 de plus que le troisième arrondissement, qui a une superficie plus que double.

Ici, point de places, point de promenades publiques. Les rues sont multipliées, mais elles sont presque toutes étroites, sinueuses et sales ; et pourtant le besoin de communications spacieuses et bien aérées se fait sentir bien plus qu'ailleurs aux approches d'établissemens tels que la grande halle et la halle au blé.

Aucun percement nouveau n'a été fait dans cet arrondissement; aucun même ne pouvait y être fait, car il ne présente pas d'espaces libres: on y a construit seulement 63 maisons neuves depuis 1817, ou 6 maisons par an. Le nombre des exhaussemens est de 28, équivalant à 9 maisons nouvelles. On peut dire qu'il n'y a pas eu de constructions intérieures, puisqu'il n'y avait pas de place pour en faire.

Au total donc............		72.
À DÉDUIRE :		
1.° Les démolitions faites pour vétusté ou par spéculation, au moins............................	5.	29.
2.° Les démolitions faites en vue d'utilité publique, dans la rue du Coq, la grande halle, &c......	24.	
Reste net............		43.

Ces 43, formant le restant net, peuvent contenir 1,720 personnes (1).

La population resserrée dans ce petit espace était, en 1817, de 46,624. Elle s'est augmentée de 5,169; ce qui la portait, en 1827, à 51,793. Elle se trouve donc aujourd'hui logée beaucoup plus à l'étroit qu'alors.

En 1817, la moyenne n'était que de 23 habitans par maison; mais quelles maisons pour la plupart! et dans quelles rues! puisque la superficie divisée par la population ne donnait alors à chacun que 12 mèt. 2 cent. d'espace, qui se trouvent réduits maintenant à 10 mèt. 80 cent., tandis que, dans le troisième, qui n'est pas le plus favorisé, chacun a encore aujourd'hui 23 mèt. 33 cent. d'espace.

Il ne faut donc pas se rassurer sur l'état sanitaire du quatrième arrondissement, en s'arrêtant au rapport des habitans avec les constructions; car le peu d'espace qu'il occupe ne permet pas de douter que les maisons comme les rues n'y soient plus étroites qu'ailleurs, et que les habitans n'y soient par conséquent logés plus mal que dans d'autres arrondissemens dont les maisons contiennent cependant un plus grand nombre d'individus.

Dans un quartier resté, comme celui-ci, tout-à-fait en dehors du mouvement d'amélioration qui s'est manifesté sur d'autres points,

(1) Les maisons neuves du quatrième arrondissement ont, en moyenne, 13 mètres 25 centimètres de face.

les vacances n'ont pas dû éprouver des variations très-considérables.

En	1821	4,364.
	1822	2,332.
	1823	2,819.
	1824	2,685.
	1825	1,848.
	1826	2,538.
	1827	4,476.

V.ᵉ ARRONDISSEMENT.

Le cinquième arrondissement est, comme le troisième, composé de deux parties bien distinctes que le boulevart divise, et qui, à la vue, sembleraient ne pas faire partie d'un même ensemble.

Toute la portion qui est au-delà du boulevart contient de grands espaces libres et des voies publiques qui, sans être fort larges, suffisent cependant au besoin de la circulation. L'ouverture du canal a donné une vie nouvelle à cette partie du cinquième arrondissement; aussi y a-t-on bâti un assez grand nombre de maisons : mais la plupart ont été faites dans les rues de Lancry, Bichat, Grange-aux-Belles, du Faubourg-Saint-Martin, des Vinaigriers, des Marais, dans la rue Albouy, ouverte par spéculation perpendiculairement aux deux rues précédentes, enfin sur les bords du canal.

Les rues Claude-Villefosse et Châtillon, percées près de la barrière du Combat; la rue percée conjointement par les hospices et M. Corbeau, entre les rues Saint-Maur et Bichat; une autre rue neuve conduisant de l'impasse du Grand-Saint-Michel à la rue Saint-Maur; enfin une autre rue percée entre la rue du Faubourg-Saint-Martin et le quai Louis XVIII, ne sont encore bordées d'aucune construction.

La deuxième partie de l'arrondissement, située en deçà du boulevart, qui est très-populeuse, très-commerçante et percée de rues étroites, s'est peu améliorée. On a construit cependant quelques maisons dans la rue Mauconseil et dans le Clôtre-Saint-Jacques-l'Hôpital ; dans les rues Saint-Denis, du Caire, Thévenot. Les exhaussemens, au nombre de 103, ont eu lieu sur-tout dans cette deuxième partie ; ils équivalent à 34 maisons, ci......... 34.

Les constructions neuves se montent à.............. 248.

Enfin, les constructions intérieures peuvent être évaluées à..................................... 38.

Total............... 320.

À DÉDUIRE :

1.° Les démolitions pour vétusté ou par spéculation. 35. }
2.° Les démolitions en vue d'utilité publique, à cause des travaux du canal.................... 47. } 82.

Reste net.......... 238.

Ces 238 maisons ont suffi au logement de 9,520 personnes; mais la population s'y est augmentée de 21,698, ce qui l'a élevée de 56,871, montant du dénombrement de 1817, à 78,569, montant du dénombrement de 1827 (1).

Les maisons, au nombre de 1,973, en 1817, contenaient en moyenne chacune 29 individus ; et cette proportion a dû s'élever beaucoup, puisque l'accroissement de la population dépasse de plus de 12,000 le nombre des habitans que les maisons neuves peuvent loger.

Mais du moins, dans cet arrondissement, la population peut s'étendre. Il présente une superficie de 2,283,546, c'est-à-dire, 38 mètres 78 centimètres, en 1817, et 29 mètres 5 centimètres aujourd'hui, pour chaque individu.

Les vacances se sont augmentées à-peu-près dans la proportion de celles du deuxième arrondissement.

(1) Les maisons du cinquième arrondissement ont, en moyenne, 13 mètres 36 centimètres de face.

En 1821....................	6,063.
1822....................	3,221.
1823....................	3,821.
1824....................	3,378.
1825....................	5,736.
1826....................	6,862.
1827....................	12,888.

VIe ARRONDISSEMENT.

De tous les arrondissemens de la rive droite de la Seine, le sixième était, en 1817, celui qui contenait le plus de maisons; elles étaient au nombre de 2,520 : mais c'était aussi celui qui comptait la plus grande population, 72,682 individus, ou en moyenne 28 par maison. Elle s'est accrue de 17,799, et s'élevait, en 1827, à 90,481.

289 maisons y ont été construites depuis 1817, ci......	289.
Le nombre des exhaussemens est de 91, équivalant à 30 maisons neuves.................................	30.
Les constructions intérieures peuvent être évaluées à.....	30.
Total...............	349.

À DÉDUIRE :

1.° Les démolitions pour vétusté ou par spéculation.	35.	75.
2.° Les démolitions en vue d'utilité publique, à cause du canal..........................	40.	
Reste net............		274.

Ces 274 maisons peuvent contenir 10,960 personnes. Le nombre des constructions neuves est donc encore inférieur à l'accroissement de la population (1).

Il est vrai qu'une grande partie de l'arrondissement est percée de

(1) Les maisons neuves du sixième arrondissement ont, en moyenne, 13 mètres 95 centimètres de face.

rues suffisamment larges et droites, que l'on y trouve de grands emplacemens, tels que le Temple, le Conservatoire des arts et métiers, &c.; mais aussi toute la partie comprise entre les rues Saint-Denis et Saint-Martin ne renferme presque que des rues étroites, malsaines, dangereuses pour la circulation, telles que les rues de la Heaumerie, des Écrivains, des Lombards, la Reynie, Ogniard, Aubry-le-Boucher, de Venise, Salle-au-Comte, aux Ours, du Petit-Hurleur, du Grand-Hurleur, Greneta, Guérin-Boisseau.

Il n'a été fait dans ces rues que très-peu de constructions neuves; et pourtant c'est-là que la circulation est le plus active, et, par suite, que la population est le plus entassée. Si l'on faisait le dénombrement des habitans dans chacune de ces rues, on y trouverait bien plus d'individus par maison que ne l'indique la moyenne générale de l'arrondissement.

Sa superficie est de 1,439,993 mèt.; ce qui supposait pour chaque personne, en 1817, un espace de 19 mèt. 81 cent., qui se trouve réduit maintenant à 15 mèt. 91 cent.

Les vacances ont éprouvé à-peu-près les mêmes variations que dans les autres arrondissemens.

En 1821	8,529.
1822	4,825.
1823	6,124.
1824	7,994.
1825	10,024.
1826	9,683.
1827	18,846.

VII.e ARRONDISSEMENT.

Le septième arrondissement est un des moins étendus; sa superficie n'est que de 732,572 mètres.

En 1817, on y comptait 2,495 maisons et 56,245 habitans, ou

22 par maison. La population s'y était augmentée, en 1827, de 17,658, ce qui la portait à 73,903.

On y a fort peu bâti; 74 maisons seulement, ci....... 74.

Plus 26 maisons pour représenter les exhaussemens, qui se montent à 78................................ 26.

Enfin, par évaluation, 5 maisons intérieures.......... 5.

Total................ 105.

À DÉDUIRE :

1.° Les démolitions pour vétusté ou par spéculation.	30.	53.
2.° Les démolitions en vue d'utilité publique.....	23.	

Reste net............. 52.

qui peuvent suffire au logement de 2,080 individus (1).

Dans cet arrondissement, la disproportion entre le nombre des constructions neuves et l'accroissement de la population est considérable. On ne peut l'expliquer qu'en supposant que les grandes maisons du Marais, dont quelques rues font partie de ce quartier, pouvaient recevoir un plus grand nombre d'habitans que celui qui s'y trouvait en 1817, et qu'elles se sont remplies depuis cette époque.

Le relevé des vacances vient à l'appui de cette supposition; elles ont faiblement augmenté, même depuis 1826. En voici le tableau :

En 1821	7,040.
1822	5,377.
1823	5,423.
1824	5,306.
1825	5,747.
1826	5,132.
1827	9,153.

(1) Les maisons neuves du septième arrondissement ont, en moyenne, 11 mètres 90 centimètres de face.

Quoi qu'il en soit, le septième arrondissement laisse beaucoup à desirer; on n'y trouve point de jardins, point de places, point de promenades; toutes les rues comprises entre la rue Saint-Martin et la rue Sainte-Avoie sont étroites; le plus grand nombre même impraticables aux voitures, quoiqu'elles soient des plus commerçantes de Paris. C'est seulement à partir de la rue Sainte-Avoie et en tirant vers l'est que les rues deviennent plus larges et plus propres; mais lorsque l'on aura élargi suffisamment la voie publique dans la portion de cet arrondissement où la population est si misérablement entassée aujourd'hui, il sera nécessaire qu'elle reflue dans un autre quartier; car il ne contient en superficie que 732,572 mètres, qui donnaient, en 1817, pour chaque individu, 13 mèt. 20 cent. d'espace, réduits aujourd'hui à 10 mètres, moins par conséquent que dans le quatrième arrondissement.

VIII.e ARRONDISSEMENT.

Le huitième arrondissement est le plus étendu de tous; sa superficie est de 6,102,285 mètres.

Sa population, en 1817, était de 62,758; elle s'est augmentée de 16,617; en sorte qu'elle était, en 1827, de 79,375.

En 1817, il renfermait 2,509 maisons; en moyenne, 24 habitans par maison.

On y en a construit 304 (1), ci .... 304.

Les exhaussemens sont au nombre de 130, équivalant à 44 maisons neuves, ci .... 44.

Enfin le nombre des constructions intérieures peut être évalué à .... 30.

Au total...... 378.

(1) Les maisons neuves du huitième arrondissement ont, en moyenne, 12 mètres 8 centimètres de face.

Report. . . . . 378.

À DÉDUIRE:

1.° Les démolitions pour vétusté ou par spéculation.	34.	59.
2.° Les démolitions pour cause d'utilité publique, à cause du canal.	25.	

Reste net. . . . . 319.

pouvant contenir 12,760 personnes, au lieu de 16,617, dont la population s'est accrue de 1817 à 1827.

On a ouvert une rue pour diviser un grand terrain en bordure sur le boulevart Contrescarpe ; c'est le seul percement qu'on ait fait par spéculation. Le canal a traversé quelques autres emplacemens livrés jusqu'alors à la culture.

Les rues du huitième arrondissement sont larges : il est bien percé, bien aéré. Il renferme des promenades, des places; la population peut facilement s'y étendre, puisque la superficie territoriale, divisée par le nombre d'habitans, donnait, en 1817, 97 mèt. d'espace pour chaque personne, et donne encore maintenant 84 mètres.

Les vacances ont suivi le même mouvement que dans la plupart des autres arrondissemens.

En 1821.	7,164.
1822.	5,042.
1823.	4,804.
1824.	7,250.
1825.	7,288.
1826.	9,368.
1827.	12,890.

IX.e ARRONDISSEMENT.

Le neuvième arrondissement est le plus petit, après le quatrième et le septième; sa superficie n'est que de 1,049,376 mèt., et la population s'y est comparativement beaucoup plus augmentée que dans l'autre. Elle était, en 1817, de 42,932 personnes : elle est aujourd'hui de 57,595, différence 14,663 ; tandis que, dans le quatrième, l'augmentation n'a été que de 5,169 sur 46,624.

Cependant le neuvième arrondissement est celui de tous dans lequel on a le moins bâti ; on n'y a fait que 45 maisons neuves (1), ci.. 45.

Les exhaussemens, au nombre de 35, équivalent à 12 maisons neuves, ci.. 12.

Enfin, j'évalue à 5 les constructions intérieures, ci....... 5.

Au total............ 62.

À DÉDUIRE :

1.° Les démolitions pour vétusté ou par spéculation.	25.	52.
2.° Les démolitions en vue d'utilité publique.....	27.	

Reste net............. 10.

Ces 10 maisons peuvent contenir 400 personnes.

Le neuvième arrondissement renfermait, en 1817, 1668 maisons, ou en moyenne 26 habitans par maison, et l'on connaît le peu de largeur des rues de la Cité et de celles qui entourent l'Hôtel de ville.

Les 1,049,376 mèt., divisés par la population, donnaient, en 1817, à chacun 24 mèt. d'espace, réduits aujourd'hui à 18. Enfin, les vacances ont subi dans cet arrondissement les variations suivantes :

En 1821....................	6,095.
1822....................	2,840.
1823....................	1,781.
1824....................	3,375.
1825....................	2,945.
1826....................	4,689.
1827....................	12,465.

(1) Les maisons neuves du neuvième arrondissement ont, en moyenne, 13 mètres 29 centimètres de face.

X.ᵉ ARRONDISSEMENT.

Le dixième arrondissement est, comme on sait, un des plus considérables de Paris et l'un des mieux percés. Il contient 5,518,612m : le Champ-de-Mars, l'esplanade des Invalides, les diverses avenues qui conduisent à cet édifice, le Palais-Bourbon et le quai d'Orsay y établissent de grands courans d'air. Les principales rues sont d'ailleurs larges et droites.

La population de cet arrondissement est considérable. Elle s'élevait, en 1817, à 81,133 ; elle s'est augmentée de 9,490, ce qui la porte à 90,623.

En 1817, on y comptait 2,503 maisons, ou en moyenne 30 habitans par maison : mais ces maisons sont presque toutes fort considérables ; un grand nombre sont de vastes hôtels.

On n'a ouvert que trois rues dans le dixième arrondissement ; la rue Malar, pour conduire de la rue Saint-Dominique à la rue de l'Université ; une rue en prolongement de la rue de l'Église et qui aboutit à l'avenue de la Mothe-Piquet, et enfin la rue Mademoiselle, au travers des hôtels Chimay et Montebello, pour conduire de la rue de Varennes à la rue de Babylone et lier la rue des Brodeurs avec la rue Hillerin-Bertin.

304 maisons neuves ont été faites dans cet arrondissement, ci.. 304.

Les exhaussemens, au nombre de 140, équivalent à 47 maisons neuves, ci................................ 47.

J'évalue à 70 les constructions intérieures............ 70.

Au total............. 421.

À DÉDUIRE :

1.° Les démolitions pour vétusté ou par spéculation. 35.
2.° Les démolitions en vue d'utilité publique..... 5. } 40.

Reste net............. 381.

Le restant des constructions neuves peut contenir 15,240 personnes; et comme la population ne s'est accrue que de 9,490, les besoins ont été dépassés (1).

La division de la superficie de l'arrondissement par le nombre d'habitans, déduction faite des emplacemens occupés par l'esplanade des Invalides, le Palais-Bourbon et le Champ-de-Mars, donnait, en 1817, 61 mètres par personne, et donne encore aujourd'hui 50 mètres.

Les vacances n'ont pas éprouvé de modifications bien sensibles.

En 1821	17,320.
1822	12,105.
1823	16,190.
1824	17,438.
1825	10,346.
1826	16,108.
1827	24,452.

XI.ᵉ ARRONDISSEMENT.

Le onzième arrondissement, qui contient 2,193,215 mèt., peut être divisé en trois parties distinctes : la première, circonscrite par la rue de Vaugirard, la rue d'Enfer et les chemins de ronde, est occupée pour près de moitié par le palais du Luxembourg; l'autre moitié contient peu de rues et est peu habitée; on y a cependant ouvert une rue nouvelle.

La deuxième partie, circonscrite par la rue de Vaugirard, la rue de l'Ouest, les chemins de ronde et la rue de Monsieur, est percée de rue larges et droites.

La troisième partie, qui comprend le surplus de l'arrondissement, est la plus populeuse, et contient beaucoup de rues étroites, sinueuses et malsaines.

---

(1) Les maisons neuves du dixième arrondissement ont, en moyenne, 14 mètres 24 centimètres de face.

En 1817, on comptait dans le onzième arrondissement 2,157 maisons, ou 24 personnes en moyenne par maison ; on y a bâti 194 maisons (1), ci.......................... 194.

Les exhaussemens, au nombre de 86, équivalent à...... 29.

J'évalue les constructions intérieures à.............. 7.

Total................ 230.

À DÉDUIRE :

1.° Les démolitions pour vétusté ou par spéculation.	20.	34.
2.° Les démolitions en vue d'utilité publique......	14.	

Reste net............. 196.

pouvant contenir ensemble 7,840 personnes. La population, qui était, en 1817, de 51,766, s'est accrue de 13,977, ce qui la porte à 65,743. Ainsi l'augmentation des constructions n'a pas suivi l'accroissement de la population.

La division de la superficie, déduction faite de l'emplacement du Luxembourg, par le nombre d'habitans, donnait, en 1817, un espace de 38 mèt. pour chacun, et donne aujourd'hui 29 mèt. seulement.

Quant aux vacances, elles sont restées à-peu-près les mêmes.

En 1821	5,443.
1822	3,417.
1823	3,674.
1824	3,891.
1825	4,388.
1826	5,216.
1827	7,306.

(1) Les maisons neuves du onzième arrondissement ont, en moyenne, 14 mètres 57 centimètres de face.

XII.e ARRONDISSEMENT.

Enfin, le douzième arrondissement, quoique ayant une vaste étendue, et renfermant de très-grands établissemens, tels que la halle aux Vins, la Salpêtrière, le Val-de-Grâce, les Gobelins, le Jardin du Roi, &c., n'en contient pas moins un nombre considérable de rues fort étroites et d'habitations extrêmement insalubres.

Vous vous êtes occupé, Monsieur le Comte, de l'assainissement de la rivière de Bièvre, qui a été jusqu'ici un foyer d'infection. Les travaux sont en pleine activité; ce sera un véritable bienfait pour les habitans de ce quartier.

Des spéculateurs ont rattaché à cette opération un percement du plus grand intérêt, celui de la rue Pascal, qui a 13 mèt. de largeur, et qui, conduisant en ligne droite de la rue de la Glacière, tout près de la barrière du même nom, à la rue Mouffetard, en face de la rue Censier, offre aux voitures une communication facile pour arriver jusqu'au pont du Jardin du Roi. Quatre autres rues ont été ouvertes aussi par spéculation, pour diviser de grands terrains situés entre la Salpêtrière et le quai de l'Hôpital.

Le douzième arrondissement renfermait, en 1817, 3,281 maisons; il faut y ajouter 162 maisons neuves, ci. . . . . 162.

Les exhaussemens, au nombre de 68, équivalent à 23, ci. 23.

Les constructions intérieures peuvent être évaluées à. . . 7.

Total. . . . . 192.

À DÉDUIRE:

1.° Les démolitions pour vétusté ou par spéculation. 20.
2.° Les démolitions en vue d'utilité publique, à cause de la halle au Vin. . . . . 46. } 66.

Reste net. . . . . 126.

pouvant contenir 5,040 habitans. La population s'y est augmentée de 17,143; elle était, en 1817, de 80,079; et en 1827, de 97,222 (1).

Les vacances sont revenues au même taux à-peu-près qu'en 1821, après avoir cependant assez sensiblement diminué dans l'intervalle.

En 1821	7,847.
1822	3,963.
1823	3,276.
1824	2,868.
1825	2,367.
1826	5,093.
1827	8,927.

Enfin, la superficie du douzième arrondissement, qui est de 4,774,016 mèt. (déduction faite de l'emplacement du Jardin du Roi), divisée par la population, donne pour résultat, en 1817, $53^{m}\ 64^{c}$ d'espace par personne; en 1827, $49^{m}\ 11^{c}$ seulement.

En rapprochant et résumant les faits qui précèdent, on trouve,

1.° Que l'augmentation générale des constructions à Paris, depuis 1804, est de beaucoup au-dessous de l'accroissement de la population.

Années.	Population.	Maisons.	Rapport.
1804.	547,756.	25,086.	21,88 par maison.
1817.	713,966.	26,801.	26,64 (2).
1827.	890,431.	29,472 (3).	30,21.

(1) Les maisons neuves du douzième arrondissement n'ont, en moyenne, que 10 mèt. 81 centimètres de face.

(2) Ce rapport est à-peu-près le même que pour la ville de Lyon : en 1825, sa population, non compris la Guillotière, la Croix-Rousse et Vaize, montait à 145,675; le nombre des maisons, non compris les ateliers, était de 5,408; 26,93, en moyenne, par maison. Ce rapprochement est d'autant plus curieux, que la ville de Lyon, comme celle de Paris, contient plusieurs rues larges dans les quartiers neufs, et un grand nombre de petites rues dans l'ancienne ville.

(3) Y compris 692 maisons pour tenir lieu des exhaussemens et des constructions intérieures.

2.° Que les spéculations nouvelles se sont portées sur les 1.er, 2.e, 3.e, 5.e, 10.e et 12.e arrondissemens;

3.° Qu'il n'y a aucune proportion entre l'augmentation des constructions et l'accroissement de la population, considérés l'un et l'autre dans chaque arrondissement municipal;

4.° Qu'ainsi les spéculations entreprises depuis quelques années reposaient sur une observation exacte des faits, savoir, l'accroissement de la population, l'insuffisance des habitations anciennes, le nouvel essor de l'industrie, l'importation de plusieurs branches de commerce;

5.° Enfin, que les anciens quartiers n'ont reçu aucune amélioration notable, et que la population y est beaucoup trop concentrée.

Personne ne peut mieux apprécier que vous, Monsieur le Comte, l'influence de cette cause, et personne ne peut mieux discerner les moyens d'y remédier. Le conseil de salubrité a publié sur cet objet, en 1824 et en 1826, les réflexions les plus utiles.

L'Académie royale de médecine a confirmé ces vues, en portant son attention sur la mortalité des enfans du premier âge, et sur l'heureux effet du séjour à la campagne. Je mets sous vos yeux ces rapports. La justesse et la force des réflexions qu'ils renferment sont démontrées par le relevé des décès dans chaque arrondissement :

ARRONDISSEMENS.	De 1817 à 1821.		De 1822 à 1826 inclusivement.	
I.	1	personne sur 45.	1	personne sur 52.
II.	1	43.	1	48.
III.	1	38.	1	43.
IV.	1	33.	1	34.
V.	1	34.	1	42.
VI.	1	35.	1	38.
VII.	1	35.	1	41.
VIII.	1	25.	1	28.
IX.	1	25.	1	30.
X.	1	36.	1	36.
XI.	1	33.	1	39.
XII.	1	24.	1	26.

Sans doute, Monsieur le Comte, il ne faut pas attribuer exclusivement ces différences à l'insalubrité des quartiers ; la misère, les privations qu'elle entraîne, le défaut de soins personnels, l'immoralité d'une partie des classes inférieures, le préjugé opposé au bienfait de la vaccine, sont aussi des causes réelles de mortalité : mais lorsque vous aurez fait la part de chacune, eu égard à la nature de la population de chaque arrondissement, vous reconnaîtrez encore que la mort moissonne bien plus dans les quartiers resserrés que dans ceux où l'air se renouvelle facilement et qui reçoivent les rayons vivifians du soleil.

CHAPITRE II.

Non-seulement la population de Paris a presque doublé depuis 1804, mais tous les moyens de transport s'y sont multipliés ; vous en jugerez, Monsieur le Comte, par quelques exemples.

	1819.	1826	Différence.
Voitures de porteur d'eau à bras.	843.	1,300.	457.
Fiacres..................	900.	1,100.	200.
Cabriolets intérieurs.........	765.	1,000.	235.
Idem extérieurs. (*Coucous.*)....	406.	569.	163.
Carrosses de remise.........	489.	500.	11.
Cabriolets de remise........	388.	500.	112.
Idem particuliers...........	4,804.	6,600.	1,796.
	8,595.	11,569.	2,974.

AJOUTEZ :

9,000 charrettes et haquets,
500 voitures à tonneau, à un cheval,
600 tombereaux à boue, de vidange, d'arrosement,
300 voitures de boulangers,
1,700 voitures d'approvisionnement (par jour),

300 voitures des environs de Paris,
100 voitures des maisons des Princes (par jour),
2,500 voitures de maître,
178 grandes diligences,
306 diligences ordinaires,
249 petites diligences,
750 voitures de moellons et pierres,
200 voitures pour les transports de la charpente,
495 voitures pour le transport du plâtre.

Au total plus de 17,000 voitures.

On compte en outre 34,000 chevaux, dont 21,000 nourris à Paris, et le surplus à l'extérieur.

Ainsi, Monsieur le Comte, 17,000 voitures et 34,000 chevaux sont continuellement en circulation dans Paris, s'y croisent de mille manières et stationnent plus ou moins long-temps sur la voie publique. Il passe par jour, sur le Pont-Royal, 7,500 voitures ou charrettes. C'est précisément dans le centre de la ville, dans les lieux les plus commerçans et les plus populeux, que le mouvement de ces voitures est le plus actif, et vous avez vu que les rues de ces quartiers n'ont rien gagné aux spéculations particulières.

L'administration municipale a fait ses efforts pour y suppléer. Pendant que les capitalistes s'occupaient à créer de nouvelles communications à la circonférence, c'est sur le centre qu'elle concentrait toute l'action de ses ressources. Elle a élargi les rues des Coquilles, Barre-du-Bec, Joquelet, du Coq-Saint-Honoré, du Tourniquet-Saint-Jean, Neuve-Notre-Dame, du Marché-Neuf, Saint-Éloi, de la Lanterne; les places du Châtelet et du Petit-Pont; les boulevarts Bonne-Nouvelle, Saint-Denis, Saint-Martin, &c., améliorations notables et que le public a vivement appréciées.

Une autre tâche était confiée aux soins de l'autorité. Elle avait à régler définitivement l'alignement des rues, et par conséquent à déterminer leur largeur future. On peut dire que sous ce rapport tout était à faire.

D'anciennes ordonnances, des édits royaux, des actes du parlement, attestent bien que la nécessité de donner plus de largeur aux rues de la capitale est sentie depuis long-temps ; mais ils font connaître aussi ce qu'on regardait autrefois comme une largeur suffisante.

Un arrêt de 1701 fixe à 27 pieds celle de la rue Neuve Saint-Augustin ;

Un arrêt du conseil, du 24 juin 1702, à 25 pieds et demi la largeur réduite de la rue Belle-Chasse.

L'alignement de la rue de la Huchette, arrêté en 1722, lui assigne 17 pieds ; et il est modifié, vingt années plus tard, par un autre alignement qui porte cette largeur à 17 pieds et demi.

Plus tard encore, en 1745, un arrêt du parlement de Paris fixe à 17 pieds et demi la largeur de la rue des Écrivains, située dans le centre de Paris, dans le quartier le plus marchand.

Des lettres patentes de 1756 et 1757 donnent 4 toises à la rue Bergère, 4 toises à la rue Béthizy, 4 toises à la rue Boucher.

Même largeur est assignée à la rue de la Michodière, par lettres patentes de 1778.

Enfin, en 1783, le Gouvernement porte une attention particulière sur la voirie de Paris : une déclaration royale proclame la *nécessité de renouveler les anciennes lois, d'ajouter même à leurs dispositions ;* elle ordonne la levée des plans de toutes les rues, travail immense, encore imparfait aujourd'hui : mais, en définitive, c'est à 30 pieds seulement que cette déclaration règle la largeur à laquelle devront être portées les anciennes rues plus étroites, et elle permet d'y élever les constructions, comme dans les rues les plus larges, à la hauteur excessive de 54 pieds.

Il n'est personne aujourd'hui qui ne reconnaisse l'insuffisance de cette largeur dans la plupart des cas ; cependant il s'est trouvé des administrateurs qui l'ont sans doute jugée excessive, puisqu'ils l'ont encore réduite.

Un arrêté du directoire, du 13 germinal an 5, autorisa le ministre de l'intérieur; « à régler, sur les plans des rues de Paris, » les redressemens et élargissemens qu'exige chacune d'elles; » et pour l'exécution de cet arrêté, le ministre, sur l'avis du conseil des bâtimens civils et de celui des ponts et chaussées, prit, le 25 nivôse an 5, une décision dans laquelle on trouve les dispositions suivantes:

« La quatrième classe des rues sera désignée sous le nom de *com-* » *munications transversales;* elle comprendra toutes les rues qui » s'embrancheront sur celles de la troisième classe, et qui seront » peu fréquentées par les voitures : leur largeur demeurera fixée à » 8 mètres, répondant à 24 pieds 7 pouces des anciennes mesures.

» Enfin la cinquième classe sera désignée sous le nom de *petites* » *communications;* elle comprendra toutes les petites rues, ruelles et » passages publics, actuellement existans; leur largeur demeurera » fixée à 6 mètres, répondant à 18 pieds 6 pouces des anciennes » mesures. »

Malheureusement ces dispositions, quoique contraires au texte de la déclaration du Roi de 1783, servirent de règle pour le tracé des alignemens.

Aussi, lorsque la loi du 16 septembre 1807 eut ordonné que tous les plans d'alignement des villes seraient approuvés en conseil d'état; lorsqu'un avis du conseil d'état, du 3 septembre 1811, eut déclaré que cette disposition s'appliquait aussi à la ville de Paris; lorsque enfin une décision ministérielle de 1822 eut renvoyé à l'autorité municipale la suite de ce travail, fait jusqu'alors dans les bureaux du ministère de l'intérieur, vous reconnûtes, Monsieur le Comte, qu'il était absolument nécessaire de soumettre à un nouvel examen tous les plans indistinctement.

En effet, Paris n'est pas seulement une ville de consommation, c'est une ville industrielle, manufacturière et commerçante tout-à-la-fois, une ville de science, de travail, de luxe : c'est le séjour des savans les plus illustres comme des artisans les plus habiles; c'est le foyer de lumière d'où jaillissent tous les perfectionnemens dans les arts et l'industrie, pour se répandre ensuite dans le reste du royaume.

Tant de causes de richesses et de prospérité agissantes de plus en plus, ont dû multiplier les relations des habitans entre eux, et créer des besoins nouveaux; il fallait donc, au risque de froisser quelques intérêts privés, assigner aux rues de la capitale une largeur suffisante, pour rendre à l'avenir plus promptes et plus faciles les communications nécessaires à l'activité commerciale.

C'est dans cet esprit que les plans de Paris sont devenus l'objet d'une nouvelle étude.

Vous avez jugé ce travail d'une si haute importance, Monsieur le Comte, qu'après en avoir confié la préparation à une commission spéciale, vous avez voulu que ses propositions fussent examinées, en même temps que les réclamations des tiers intéressés, dans une seconde commission présidée par vous-même, et à laquelle sont successivement appelés les maires des arrondissemens municipaux. On peut espérer qu'avant deux ans la révision de tous les plans sera complétement terminée, et qu'ils auront reçu l'approbation royale.

Mais la déclaration de 1783, déjà citée, n'a pas seulement pour objet l'élargissement des rues anciennes; elle contient aussi les dispositions relatives aux percemens nouveaux; elle porte, art. 1.er : « Ordonnons qu'à l'avenir, et à compter du jour de l'en-» registrement de la présente déclaration, il ne puisse être, sous » quelque prétexte que ce soit, ouvert et formé en la ville et fau-» bourgs de Paris, aucune rue nouvelle, qu'en vertu de lettres patentes » que nous aurons accordées à cet effet, et que lesdites rues nou-» velles ne puissent avoir moins de 30 pieds de largeur. »

Quelques personnes prétendirent que ces dernières expressions n'obligeaient qu'à donner 30 pieds aux rues nouvelles, et que l'autorité n'était pas fondée à exiger une plus grande dimension. L'autorité repoussa une interprétation en opposition évidente avec les expressions qu'on invoquait; elle soutint que la déclaration n'avait fixé qu'un minimum de largeur ; et par les motifs mêmes qui la déterminaient à assigner une plus grande largeur aux vieilles rues, elle exigea que les rues nouvelles eussent une dimension proportionnée à leur longueur et à leur importance présumée. Aussi est-il permis de penser que, sous ce rapport, les percemens faits depuis dix ans dans Paris laissent peu de chose à desirer. Deux ou trois rues seulement ont été ouvertes à 30 pieds, exceptions que l'administration pourrait facilement justifier. Toutes les autres rues sont assez spacieuses pour qu'on puisse affirmer que nos successeurs n'auront point à les refaire, comme nous sommes obligés, nous, de refaire à grands frais celles que nos prédécesseurs nous ont laissées.

Voici, Monsieur le Comte, l'état des percemens autorisés sous votre administration.

Le quartier de François I.er contient deux rues ayant chacune 14 mètres 60 centimètres de largeur, et une place circulaire dont le rayon est de 27 mètres.

Le quartier Saint-Georges contient trois rues : une de 13 mètres, une autre de 30 pieds seulement, mais très-courte, une autre de 11 mètres 70 centimètres; au milieu du quartier est une place de 23 mètres 35 centimètres de rayon, ornée d'une fontaine.

Le quartier d'Europe contient 23 rues : neuf ont 15 mètres de largeur, quatre 13 mètres, et dix 12 mètres. La place, à laquelle aboutissent huit des rues de 15 mètres, a 130 mètres de diamètre.

Le quartier Poissonnière ou Saint-Lazare contient quatorze rues : une de 19 mètres 50 centimètres, une de 15 mètres, deux de 14 mèt., neuf de 12 mètres et une de 10 mètres. La place Charles X a 76 mètres de diamètre.

Quatre rues ouvertes près de la Gare et de la Salpêtrière ont 12, 13 et 15 mètres de largeur.

La rue Mademoiselle, ouverte en prolongement de la rue Hillerin-Bertin, a 12 mètres.

La rue Pascal, ouverte dans le faubourg Saint-Marceau, pour conduire de la rue de la Glacière, près de la barrière, à la rue Mouffetard, en face de la rue Censier, a 13 mètres.

La rue Neuve d'Artois, 9 mètres 74 centimètres (30 pieds).

La rue Godot, 10 mètres.

La rue Malar, 10 mètres.

La rue Albouy, 10 mètres.

La rue de la Ferme des Mathurins, 12 mètres.

La rue Castellane, 12 mètres.

La rue Neuve Ventadour, 12 mètres.

La rue de l'Église, faubourg Saint-Germain, 13 mètres.

La rue Chaptal, 12 mètres 60 centimètres.

Les rues Châtillon et Claude-Villefosse, près de la barrière du Combat, 12 mètres.

La rue Bichat, 12 mètres.

Une autre rue près de cette dernière, encore sans nom, 13 mètres.

Une rue débouchant sur le boulevart Contrescarpe, 13 mètres.

La rue Chabrol, 12 mètres.

La rue du Delta, 12 mètres.

La rue Terray, faubourg Saint-Jacques, 12 mètres.

En tout, 65 rues et 4 places, dont je joins ici les plans.

Aucune de ces rues n'a été autorisée que sous la condition d'y faire des trottoirs d'une largeur suffisante.

L'établissement des trottoirs à Paris est dû, Monsieur le Comte, à votre sollicitude active et persévérante : vos efforts ont été long-temps infructueux, tant les habitudes ont de force, tant est puissant l'empire des préjugés! Mais enfin, toutes les préventions paraissent maintenant dissipées. Des trottoirs se construisent partiellement, il est vrai, mais dans un grand nombre de rues. Les avantages qui en résultent pour le public sont frappans; ceux que les propriétaires et sur-tout les commerçans peuvent en retirer, commencent à être sentis par eux. L'administration encourage cette tendance par des primes; on peut donc espérer de prompts résultats.

CHAPITRE III.

Il me reste, Monsieur le Comte, à vous entretenir du dernier point de vue sous lequel la commission s'est proposé d'envisager les entreprises qui font l'objet de l'enquête.

La commission a demandé à connaître le nombre d'ouvriers qu'elles avaient attirés à Paris, l'influence qu'elles avaient pu avoir sur les revenus municipaux, et enfin la superficie des terrains employés aux nouvelles communications.

Vous avez prié M. le préfet de police de vous fournir des renseignemens sur le premier point. Ce magistrat a répondu qu'il lui serait de toute impossibilité de préciser absolument le nombre des ouvriers venus, chaque année, de leurs provinces à Paris, depuis 1824 jusqu'en 1828, mais cependant il vous a transmis une note approximative, établie, dit-il, sur des données à-peu-près certaines; la voici :

« Le nombre, année commune, des ouvriers qui viennent à Paris,
» est au moins de 30,000; les deux tiers, ouvriers en bâtimens.

» 1824. Peut être ainsi classé à.......... 30,000.
» 1825. Les travaux de bâtimens s'augmen-
» tèrent; il peut être porté à..... 35,000.
» 1826. Les constructions furent considéra-
» bles; il en vint un plus grand
» nombre: il semblait qu'il y avait
» une émigration des départemens

» du Calvados, de l'Orne, de l'Eure,
» de la Manche, un peu de la Seine-
» Inférieure, de la Vienne, de la
» Haute-Vienne, de la Mayenne,
» de la Sarthe, de la Creuse, de la
» Haute-Loire, de la Moselle, de la
» Meurthe, un peu des Vosges et
» beaucoup du pays de Luxem-
» bourg. Il peut être évalué au
» moins à................. 45,000.

» 1827. Les travaux se ralentirent; il en vint
» un peu moins; mais beaucoup re-
» tournaient de suite, faute d'ou-
» vrage. On peut porter le nombre
» à...................... 40,000.

» 1828. Semble une année ordinaire, et peut,
» par prévision, être évaluée à... 30,000. »

J'ignore sur quelles données reposent ces évaluations; mais je ferai remarquer que si, en partant de la moyenne de 20,000 indiquée par M. le préfet de police, on cherchait dans la comparaison des quantités de matériaux de construction introduits chaque année à Paris, un moyen de se rendre compte de l'augmentation des ouvriers, on trouverait les résultats suivans:

En 1821........ 25,000 au lieu de 20,000, moyenne.
1822........ 30,000.
1823........ 30,000.
1824........ 45,000.
1825........ 50,000.
1826........ 40,000.
1827........ 30,000.

Mais puisque M. le préfet de police considère comme à-peu-près certains les documens qu'il a transmis, ce sont ceux-là qu'il faut admettre.

Au surplus, ce qui est constant, c'est que l'augmentation, quel qu'en soit le chiffre, était très-considérable; on se rappelle qu'à une époque les ouvriers manquaient, pour ainsi dire, aux travaux.

Quelques entrepreneurs des plus occupés de la capitale ont fourni sur les prix de journée les notes que voici :

Prix des Journées des Ouvriers de bâtiment, depuis 1817 jusqu'en 1828.

ANNÉES.	EMPLOIS.								OBSERVATIONS.
	Tailleurs de pierre.	Poseurs.	Contre-poseurs.	Ficheurs.	Bardeurs.	Maçons.	Limousins.	Garçons.	
1817.	$3^f\ 25^c$	$3^f\ 75^c$	$2^f\ 50^c$	$2^f\ 00^c$	$2^f\ 00^c$	$3^f\ 25^c$	$2^f\ 50^c$	$1^f\ 90^c$	
1818.	3. 25.	3. 75.	2. 50.	2. 00.	2. 00.	3. 25.	2. 50.	1. 90.	
1819.	3. 50.	4. 00.	2. 75.	2. 20.	2. 10.	3. 50.	2. 50.	2. 00.	
1820.	3. 50.	4. 00.	2. 75.	2. 20.	2. 20.	3. 50.	2. 75.	2. 10.	
1821.	3. 75.	4. 25.	3. 00.	2. 50.	2. 25.	3. 75.	2. 75.	2. 10.	
1822.	3. 75.	4. 25.	3. 00.	2. 75.	2. 30.	3. 75.	2. 75.	2. 20.	
1823.	4. 00.	4. 50.	3. 25.	2. 75.	2. 40.	4. 00.	3. 00.	2. 30.	
1824.	4. 25.	4. 50.	3. 25.	2. 75.	2. 40.	4. 25.	3. 00.	2. 30.	Il y a même quelques maçons à la tâche qui ont gagné jusqu'à 5 fr., et des garçons 3 fr.
1825.	4. 25.	5. 00.	3. 50.	3. 00.	2. 50.	4. 50.	3. 00.	2. 40.	
1826.	4. 25.	5. 00.	3. 50.	3. 00.	2. 50.	4. 50.	3. 25.	2. 40.	
1827.	4. 00.	4. 50.	3. 25.	2. 75.	2. 40.	4. 00.	3. 00.	2. 30.	
1828.	3. 50.	4. 50.	3. 25.	2. 50.	2. 30.	3. 50.	2. 75.	2. 10.	

D'autres renseignemens que je me suis procurés présentent des résultats analogues :

Journées de Menuisiers.

1821.......	$3^f\ 25^c$ à	$3^f\ 50^c$
1822.......	3. 50.	3. 75.
1823.......	3. 50.	3. 75.
1824.......	3. 50.	3. 75.
1825.......	3. 75.	//
1826.......	3. 75.	4. 00.
1827.......	3. 75.	//
1828.......	3. 25.	3. 50.

Chênes. (Le sciage, le cent.)	
1821......	230.
1822......	230.
1823......	235.
1824......	240.
1825......	260.
1826......	260.
1827......	250.
1828......	240.

Sapins. (Le sciage, le cent.)		
1821......	160.	
1822......	170.	
1823......	180.	
1824......	200.	
1825......	210.	
1826......	210.	6 premiers mois.
	190.	6 derniers mois.
1827......	190.	
1828......	170.	

Le prix des matériaux de construction s'était aussi fort élevé.

Le plâtre, qui se payait, en 1821, 14 francs le muid (18 hectolitres 70 litres), a été payé, en 1825 et 1826, jusqu'à 18 francs: il se paie encore aujourd'hui 15 francs 50 centimes et 16 francs.

En 1821, la pierre de roche, première qualité, ne valait, y compris les frais de compagnon de carrière et les pour-boire, que 67 francs 50 centimes le mètre cube: on ne peut pas dire ce qu'elle a valu en 1825 et 1826, parce que toute la pierre, de quelque qualité qu'elle fût, était vendue d'avance par les carriers. Les plus grands désordres s'étaient introduits dans cette profession; ainsi la pierre de libage passait presque pour de la roche, et il est impossible d'assigner le prix de la première qualité à cette époque. Elle ne vaut pas plus cher maintenant qu'en 1821.

Le Vergelet et le Saint-Leu n'ont pas varié de prix; ils se payaient en 1821 comme aujourd'hui, 33 francs le mètre cube, au port. La hausse n'a été que de 1 franc, de 1825 à 1826: le transport seul de ces pierres dans l'intérieur de Paris a augmenté; il valait, prix réduit, 4 francs 50 centimes, il vaut maintenant 7 francs; et cependant presque tous ceux qui se livrent à l'état de voiturier de pierres dans Paris, de gravatiers, font mal leurs affaires.

La brique de Bourgogne, qui valait 68 et 70 francs le mille en 1821, a valu jusqu'à 85 et 88 francs en 1825 et 1826 ; elle vaut encore en ce moment 75 francs.

Le moellon valait, en 1821, 68 et 70 francs la toise cube (7 mètres 40 centimètres); il a été payé en 1825 jusqu'à 85 et 90 francs; il vaut aujourd'hui 72 et 75 francs, suivant la qualité.

De si notables augmentations dans le prix des matières premières et dans la main-d'œuvre, ne sont pas sans doute une des moindres causes de la ruine de tant de spéculateurs; mais par compensation, ces causes là même ont dû répandre l'aisance chez une classe nombreuse d'ouvriers et de commerçans; car il y a peu d'industries qui n'aient des rapports plus ou moins directs avec les travaux de constructions, et sur-tout avec les constructions particulières. Quelques individus ont donc beaucoup perdu, mais la masse a beaucoup gagné.

Il est bien certain, par exemple, que les propriétés foncières dans Paris, bâties ou non bâties, ont sensiblement augmenté de valeur à l'époque des nouveaux perçemens, que ce mouvement de hausse s'est étendu à tous les quartiers indistinctement, même à ceux qui n'ont été l'objet d'aucune spéculation ; et, chose remarquable, aujourd'hui même que ces opérations sont dans une grande défaveur, la propriété foncière se maintient à un taux supérieur à celui de 1817. On niera peut-être que cet effet ait pour cause directe les spéculations qui nous occupent; mais du moins faut-il reconnaître sa coïncidence avec l'époque de leur plus grand développement.

Enfin, ce qui est hors de toute discussion, c'est qu'au milieu de ces désastres particuliers, des constructions neuves, d'une valeur considérable, sont venues augmenter l'ensemble de la richesse immobilière de la capitale.

En admettant, par évaluation moyenne, que chaque maison neuve, des dimensions que nous avons indiquées ci-dessus, ait pu coûter, en construction seulement, 100,000 francs (1), on trouve que les 2,671 maisons bâties depuis 1817, ont employé un capital de........................ 267,100,000f

Le terrain est ordinairement évalué au quart de la dépense de construction...................... 66,777,777.

Enfin le mobilier peut être également évalué au quart.............................. 66,777,777.

Total général......... 400,655,554.

Et comme, dans les quatre années 1823, 1824, 1825 et 1826, pendant lesquelles l'influence des spéculations s'est fait le plus sentir, on a bâti précisément la moitié du nombre des maisons qui ont été construites depuis 1817 jusqu'à 1828, il s'ensuit que la dépense de construction, pour ces quatre années, s'est élevée à plus de 200 millions, sans parler des droits d'enregistrement, de mutation, succession, transcription, &c., qu'on évalue à près de 10 p. o/o.

L'augmentation des revenus municipaux était une conséquence nécessaire de l'impulsion nouvelle qui avait été donnée aux travaux de construction.

Sans parler des denrées de première nécessité, dont la consommation a dû s'accroître, et par la présence d'un plus grand nombre d'ouvriers venus des départemens, et par la plus grande aisance des classes moyennes, on trouve que les droits perçus sur les matériaux de construction seulement, se sont augmentés de plusieurs millions.

La quantité de chaux entrée à Paris en 1817 était de 36,595 hectolitres : elle s'est élevée à 72,000 en 1822; à plus de 102,000 en 1824; à plus de 137,000 en 1825.

(1) Nous avons vu que les maisons neuves bâties depuis 1817, pouvaient avoir en moyenne 14 mètres de face et 12 de profondeur, ce qui donne une surface de 168 mèt., qui, à 600 francs le mètre, produisent 100,800 francs.

Il en est de même du plâtre.

	1,152,112	hectolitres en	1817.
	2,104,312	*idem*........	1822.
Plus de	3,000,000	*idem*........	1824.
Plus de	4,000,000	*idem*........	1825.

Une différence semblable se fait remarquer dans les autres arrivages. Le moellon, par exemple, plus spécialement employé pour les constructions particulières, présente des variations aussi sensibles.

	60,747	mètres cubes en	1817.
	173,215	*idem*..........	1822.
Plus de	248,000	*idem*..........	1824.
Plus de	300,000	*idem*..........	1825.

La Commission aura, Monsieur le Comte, une idée de l'importance des droits perçus par la ville, lorsqu'elle saura qu'ils se sont montés, pour les années 1823, 1824, 1825 et 1826, à 15,283,722 francs.

Enfin, Monsieur le Comte, le domaine municipal s'est réellement enrichi de la valeur de tous les terrains que les propriétaires ont abandonnés pour former l'emplacement des nouvelles voies publiques.

Je place sous vos yeux un état rédigé en grande partie sur les notes que plusieurs d'entre eux m'ont remises.

QUARTIERS.	SUPERFICIES livrées à la voie publique.	PRIX de la toise d'après les spéculateurs.	VALEUR de la superficie livrée.	FRAIS de terrasse, pavage et autres.	TOTAL général.
	toises				
François I.er	3,639.	150f	545,850f	171,750f	717,600f
Saint-Lazare	16,000.	200.	3,200,000.	677,162.	3,877,162.
D'Europe	20,412.	200.	4,082,400.	1,388,883.	5,471,283.
Saint-Georges	2,278.	300.	683,400.	238,902.	922,302.
Rues près de la Gare	4,800.	100.	480,000.	150,000.	630,000.
Rue Pascal	1,393.	80.	111,440.	192,000.	303,440.
Rue Mademoiselle	1,141.	200.	228,200.	70,000.	298,200.
Rue Neuve-Ventadour	563.	1,700.	957,100.	36,000.	993,100.
Rue Neuve-d'Artois	243.	600.	145,800.	//	//
Rue de l'Église prolongée	1,757.	//	//	//	//
Rue Godot-de-Mauroy	638.	350.	223,300.	20,594.	243,894.
Rue de la Ferme	800.	800.	64,000.	30,000.	94,000.
Rue Malar	452.	70.	31,640.	12,000.	43,640.
Rue Castellane	400.	//	//	//	//
Rue Bichat	859.	68.	57,052.	49,894.	106,946.
Rue Corbeau	742.	//	//	//	//
Rues Châtillon et Claude-Villefosse	1,757.	35.	61,495.	64,772.	126,267.
Rue Terray	735.	//	//	//	//
Rue Albouy	500.	160.	80,000.	16,000.	96,000.
Rue Chaptal	806.	//	//	//	//
Rue Neuve-Contrescarpe	792.	//	//	//	//

Ainsi le terrain dont la voie publique s'est enrichie contient une superficie de 60,706 toises.

DEUXIÈME PARTIE.

La première partie de ce rapport a eu pour objet l'examen de plusieurs questions de fait que la commission avait posées dans sa première séance.

Le second objet de l'enquête doit être d'indiquer les mesures qui paraîtraient propres à seconder les entreprises de construction, dans le cas où il serait reconnu que l'intérêt public conseille de favoriser leur développement.

C'est à la commission qu'il appartient d'exprimer son avis sur cette question ; mais, sans rien préjuger à cet égard, je dois présenter ici l'analyse des demandes qui lui sont adressées. J'y joindrai quelques observations sur les points qui touchent l'administration de la grande voirie.

Mais d'abord il me semble nécessaire d'exposer, Monsieur le Comte, l'opinion des constructeurs eux-mêmes sur les causes du discrédit actuel de leurs entreprises ; car il importe de bien connaître la nature du mal avant de rechercher les moyens d'y remédier.

L'opinion que plusieurs d'entre eux m'ont exprimée, est qu'on n'a pas convenablement approprié les nouvelles constructions aux quartiers dans lesquels on les élevait. Là où il convenait de faire des logemens pour la classe moyenne et la classe inférieure, on a fait des appartemens d'un prix élevé ; au lieu de maisons de deux ou trois étages, au plus, on a bâti des maisons de cinq étages, pouvant contenir trop de locataires, et des locataires de fortune et de condition trop différentes. Quelques constructeurs sont tombés dans une autre méprise : ils avaient remarqué que, dans les quartiers commerçans, les boutiques forment le revenu principal, et ils ont fait des boutiques dans les quartiers neufs, où il n'existe encore aucune relation commerciale ; les boutiques ne s'y sont pas louées, ne s'y loueront probablement pas de long-temps, et il faudra peut-être changer à grands frais ces dispositions.

Enfin, l'augmentation du prix des matériaux et de la main-d'œuvre, pendant les années 1823, 1824, 1825, a fait revenir les constructions à un prix trop élevé, et hors de proportion avec le produit locatif qu'il était raisonnable d'espérer.

Sans méconnaître la justesse de ces observations, je pense, Monsieur le Comte, que le mauvais succès des entreprises doit être attribué aussi, en grande partie, à la manière dont la plupart d'entre elles ont été conduites.

A Londres, on a fait, depuis quinze ans, plus de quartiers nouveaux qu'à Paris, et ces opérations ont réussi, quoique la population ne soit pas plus augmentée proportionnellement qu'à Paris, que les rues anciennes fussent larges, et que Londres n'ait pas, comme Paris, acquis des élémens nouveaux de richesse et de prospérité. C'est qu'à Londres, les spéculateurs qui entreprennent de former un quartier neuf, ne se bornent pas, comme chez nous, à acquérir l'emplacement et à le diviser par des rues; ils le bâtissent eux-mêmes entièrement, ou du moins en très-grande partie : par ce moyen, on n'est pas exposé à louer une maison isolée, à habiter un quartier désert, d'un accès difficile, dangereux même dans certaines saisons; on ne craint pas d'être, pendant une longue suite d'années, entouré de matériaux destinés à de nouvelles constructions; on est sûr, au contraire, d'obtenir à l'instant même une position fixe, dans un beau quartier où ont été introduites toutes les améliorations nouvelles. Aussi la population qui, dans ce pays sur-tout, connaît et apprécie plus qu'ailleurs toutes les commodités de la vie intérieure, se porte-t-elle de préférence dans les lieux qui ont été aussi soigneusement disposés pour la recevoir.

Le même système produirait certainement à Paris des résultats semblables.

J'ai cru devoir présenter cette observation, afin d'avertir les propriétaires de terrains destinés à des constructions, et les constructeurs qui souffrent aujourd'hui et qui demandent que l'administration les seconde, qu'ils ont de leur côté des fautes à réparer et des efforts à faire.

Voyons maintenant ce que l'administration peut en leur faveur.

Les mesures qu'on lui propose de prendre sont de deux sortes; les unes indirectes, les autres directes.

PREMIÈRE CLASSE.

Moyens indirects.

1.° Défense à tout entrepreneur de déposer des matériaux de construction sur la voie publique;

2.° Défense de faire stationner, à l'avenir, sur la voie publique, aucune voiture dite *de place* ou *des environs de Paris*, telles que fiacres, cabriolets, &c., qui gênent la circulation et nuisent au commerce des riverains;

3.° Suppression des bateaux à demeure, et défense de vendre sur la rivière les marchandises qui arrivent par eau. Cette mesure, disent-ils, serait utile sous le rapport de la salubrité, parce que l'encombrement continuel de la rivière par les bateaux de blanchisseuses, les bateaux de charbon, &c., l'empêche d'agir comme grand ventilateur; et dans l'intérêt des propriétaires, parce que les espaces occupés sur la rivière, comparés aux locations qui ont lieu dans Paris, rapporteraient plus de 2,000,000 de francs de produit annuel;

4.° Réglemens administratifs pour fixer la plus grande hauteur des constructions intérieures et la moindre hauteur de chaque étage des constructions habitables;

5.° Modifications des réglemens de voirie relatifs à la construction;

6.° Élargissement des rues étroites du vieux Paris.

SECONDE CLASSE.

Moyens directs.

1.° Secours en argent ou en crédit;

2.° Exemption de contributions pendant un assez long espace de temps, pour toutes les propriétés bâties dans les quartiers neufs;

3.° Acquisition par la ville d'emplacemens propres à former, soit actuellement, soit par la suite, des établissemens communaux dans lès nouveaux quartiers;

4.° Acquisition par la ville de quelques propriétés nécessaires pour compléter les percemens commencés par les compagnies.

Les quatre premières mesures indiquées au nombre des moyens indirects rentrent dans les attributions de M. le préfet de police: vous approuverez, Monsieur le Comte, que je m'abstienne ici de toute espèce de réflexions sur des matières qui sont étrangères à votre administration.

La demande de réglemens nouveaux pour déterminer la hauteur des constructions intérieures et la largeur des cours, est d'un grand intérêt.

Il n'est que trop vrai que, dans les quartiers les plus chargés de population, les constructions intérieures se sont élevées souvent beaucoup plus haut que les constructions bordant la voie publique. Des réglemens administratifs assignent au moins une limite à ces dernières, tandis que, pour les autres, le propriétaire ne consulte que son intérêt privé; aussi n'est-il pas rare de voir des emplacemens de très-peu d'étendue, entourés de bâtimens de six ou sept étages, au milieu desquels est ménagée une cour si étroite qu'elle forme une sorte de puits. On peut se faire une idée des distributions intérieures de ces bâtimens par les dispositions de l'extérieur. Le peu de hauteur des logemens ajoute encore aux inconvéniens de leur peu d'étendue; et c'est pourtant dans de pareils réduits qu'une population toute entière d'ouvriers et d'artisans est condamnée à passer sa vie.

Cet abus déplorable de la propriété vous a été signalé depuis long-temps, Monsieur le Comte. Ne trouvant dans la loi aucun moyen actuel d'empêcher l'excessive élévation des bâtimens situés tout-à-fait dans l'intérieur des propriétés, vous avez fait examiner si du moins la disposition législative qui détermine la hauteur des constructions sur la voie publique, ne s'appliquait pas à leur ensemble, et si les propriétaires étaient en droit de donner au même bâtiment plus d'élevation sur la cour que sur la rue. Les opinions se partagèrent. La vôtre, Monsieur le Comte, fut que les expressions de la loi ne vous fournissaient pas le moyen de vous opposer à cette élévation excessive, dont vous étiez cependant le premier à signaler les graves inconvéniens. Cet avis, que le ministre de l'intérieur avait combattu, fut jugé, par le conseil d'état, conforme aux vrais principes, et l'on reconnut la nécessité d'un réglement préalable d'utilité publique, qui imposât, dans l'intérêt général, des restrictions à l'exercice naturellement illimité du droit de propriété.

Mais, Monsieur le Comte, les opinions ne différaient que sur le droit; la discussion atteste qu'elles étaient unanimes sur la nécessité de prendre promptement des mesures qui missent un terme aux inconvéniens signalés.

Il ne s'agit donc plus que de savoir par quelle autorité ces mesures doivent être prises.

Avant 1789, il n'aurait pas fallu moins qu'une déclaration royale, ou des lettres patentes enregistrées au parlement. Ce sont des actes de cette nature (la déclaration du 10 avril 1783 et les lettres patentes du 25 août 1784) qui règlent encore aujourd'hui la hauteur des maisons sur la voie publique, parce que l'article 29 de la loi du 19 - 22 juillet 1791 a confirmé provisoirement les réglemens qui subsistaient touchant la voirie, la sûreté et la solidité des bâtimens.

Mais je ne pense pas qu'il soit nécessaire aujourd'hui de recourir à un pouvoir aussi élevé. Vous en pourrez juger vous-même, Monsieur le Comte, par l'arrêt suivant de la cour de cassation, arrêt entièrement conforme à l'opinion exprimée par M. le premier président Henrion de Pensey, dans son ouvrage sur le pouvoir municipal.

« Plusieurs habitans de la ville de Lyon avaient été traduits » devant le tribunal de police, comme étant contrevenus à un ré- » glement du maire de cette ville, qui déterminait la hauteur des » maisons qui seraient construites par les habitans de cette ville. Le » tribunal de police, pensant que cet arrêté excédait les attributions » du maire, rendit plusieurs jugemens par lesquels il se déclara » incompétent. Le ministère public s'est pourvu en cessation.

» Les premiers sont intervenus. M.e Teisseyre, leur avocat, a » soutenu que l'arrêté du maire de la ville de Lyon violait les ar- » ticles 544 et 545 du Code civil, et l'article 3 du titre II de la » loi du 24 août 1790; qu'en effet le droit de propriété, garanti à » tout Français par les lois civiles et politiques, comprenait le droit » de construire sur le terrain qui nous appartient, d'élever des cons- » tructions à telle hauteur qui nous paraît convenable; qu'aux termes » de l'article 10 de la Charte, le droit de propriété ne peut être » modifié que pour cause d'utilité publique *légalement* constatée; que, » par conséquent, si l'arrêté du maire de Lyon n'était point autorisé » par une loi, il n'était pas exécutoire.

» Passant à l'examen des lois qui ont réglé les droits du pouvoir » municipal, M.e Teisseyre a ajouté que la loi du 14 décembre » 1789 avait posé, en principe général, que les objets qui inté- » ressent la sûreté et la *salubrité publiques*, rentraient dans les fonc- » tions spécialement attribuées aux maires; que la loi du 24 août » 1790, par l'article 3 du titre II, a développé ce principe général » et déterminé le cas d'application; que, dans l'énumération qui en » est faite par la loi, ne se trouve pas énoncé le droit de limiter la

» hauteur des constructions; que cependant, aux termes de la loi » du 22 juillet 1791, il n'est permis aux maires de faire des arrêtés » que sur les objets confiés à leur vigilance par la loi du 24 août » 1790; que, par conséquent, le maire de Lyon a excédé ses pou- » voirs.

» M. Fréteau de Pény, avocat général, a pensé que cet arrêté » rentrait dans les attributions du maire; il a, en conséquence, » conclu à la cassation des jugemens du tribunal de Lyon. »

Voici la teneur de l'arrêt qui est intervenu :

ARRÊT.

« La cour, vu l'article 50 de la loi du 14 septembre 1789, » qui déclare que les fonctions propres au pouvoir municipal sont, » de faire jouir les habitans des avantages d'une bonne police, » notamment de la propreté, de la salubrité, de la sûreté dans les » rues, lieux et édifices publics;

» Vu l'article 60 de la même loi, portant : *Si un citoyen croit » être personnellement lésé par quelque acte du corps municipal, il pourra » exposer ses sujets de plainte à l'administration supérieure ;*

» Vu l'article 3 du titre II de la loi du 24 août 1790, qui » confie à la vigilance et à l'autorité des corps municipaux tout ce » qui intéresse la sûreté et la commodité du passage dans les » rues, quais, places et voies publiques, ainsi que tout ce qui touche » à la salubrité publique;

» Vu l'article 46, titre I.er de la loi du 22 juillet 1791, qui » autorise le pouvoir municipal à faire des réglemens sur les objets » confiés à sa vigilance par la loi du 24 août 1790, sauf la réfor- » mation, s'il y a lieu, par l'administration supérieure;

» Vu l'article 471, n.° 5, du Code pénal;

» Vu l'article 161 du Code d'instruction criminelle;

» Vu le réglement général de voirie, fait par le maire de Lyon » le 13 mai 1825, approuvé par le préfet du département, par

» lequel le maire, *considérant que la hauteur démesurée que l'on donne » depuis quelque temps à certaines maisons de la ville, est de nature » à compromettre la sûreté, la salubrité et la commodité publiques : la » sûreté, en ce qu'il est difficile de prévoir les événemens que peuvent » occasionner, soit les défauts de proportion dans les constructions qui » ont une hauteur aussi considérable, soit la difficulté de porter des secours » pour sauver les étages supérieurs en cas d'incendie; la salubrité et la » commodité, en ce qu'une trop grande hauteur, dans les rues peu larges, » interceptant le jour et la circulation de l'air, rend ces rues toujours obs- » cures, malsaines et humides :*

» Arrête, *art. 1.er Les permissions de construire sur la voie publique » limiteront la hauteur des bâtimens selon les besoins de la sûreté et de » la salubrité publiques, proportionnellement à la largeur de chaque rue; » lesdites permissions comporteront, en conséquence, une disposition spé- » ciale qui fixera, d'une manière claire et précise, la hauteur desdites » maisons.*

« Attendu qu'il est du devoir des tribunaux de police de réprimer » les contraventions aux arrêtés pris par l'autorité municipale, dans » la sphère de ses attribuions; que l'article 471, n.° 5, du Code » pénal, leur fait une obligation spéciale d'appliquer les peines qui » y sont déterminées, à ceux qui négligent ou refusent d'exécuter » les réglemens ou arrêtés concernant la petite voirie; attendu que » le réglement de voirie fait par le maire de Lyon le 13 mai 1825, » entrait essentiellement dans ses attributions; que la disposition » dont l'infraction a donné lieu aux poursuites, et par laquelle » le maire s'est réservé de fixer la hauteur des maisons suivant » la largeur des rues, se rattache directement à ce qui intéresse » la solidité des maisons, la sûreté, la commodité, la propreté, la » santé publique et la facilité de porter les secours en cas d'in- » cendie; que ces grands intérêts, que le maire a regardés comme » compromis par l'état actuel des choses, et auxquels il a eu en vue » de pourvoir pour l'avenir, sont spécialement confiés à la surveil-

» lance du pouvoir municipal ; que ce pouvoir est autorisé, par la » loi du 22 juillet 1791, à les régler de la manière qu'il juge la plus » utile au bien public et la plus avantageuse aux habitans ; que les » dispositions des réglemens de cette nature sont obligatoires pour » les juges de police chargés d'en assurer l'exécution ; qu'il ne leur » appartient pas d'apprécier le mérite de ces dispositions, dont la » réformation, s'il y a lieu, appartient aux autorités supérieures ; » qu'il leur suffit d'examiner et de s'assurer si le réglement a été » fait dans l'étendue et dans les limites des attributions confiées à » l'autorité municipale, si ce réglement statue sur des intérêts placés » sous la surveillance de cette autorité : attendu que si, d'après l'ar- » ticle 552 du Code civil, invoqué par l'intervenant, la propriété » du sol emporte la propriété du dessous et du dessus, il ne faut » pourtant pas perdre de vue l'article 544 du même Code, qui dé- » finit la propriété : *Le droit de jouir et de disposer des choses de la » manière la plus absolue, pourvu qu'on n'en fasse pas un usage prohibé » par les lois et par les réglemens ;*

» Qu'ainsi l'exercice du droit de propriété est subordonné à ce » que prescrivent les lois et les réglemens qui l'ont modifié par les » grandes considérations d'intérêt et d'ordre publics qui dominent » et font à juste titre fléchir, dans quelques circonstances, les » intérêts privés ; qu'au surplus, ces argumens ne peuvent être pro- » posés que devant l'autorité supérieure administrative, auprès de » laquelle le recours est ouvert, conformément à l'art. 60 de la loi » du 14 décembre 1789, et à l'article 46, titre I.er de la loi du » 22 juillet 1791, et à laquelle il appartient de juger et de réformer » les actes faits par le pouvoir municipal, dans l'exercice de ses at- » tributions ; que la censure ou l'examen des actes de cette nature, » quand ils reposent évidemment sur des objets de police ou de » voirie, sont interdits aux tribunaux de police, dont l'unique » devoir est d'en constater et d'en punir la violation, jusqu'à ce qu'ils » aient été réformés par l'autorité supérieure.

» Attendu, dans le fait, que la contravention de la part de » l'intervenant à l'article 1.er du réglement de voirie fait pour la » ville de Lyon, a été constatée par un procès-verbal régulier, et » n'a pas été contestée; d'où il suit que le tribunal de police de » Lyon, en se déclarant incompétent pour en connaître, a méconnu » les règles de sa compétence, et a formellement violé les lois » du 24 août 1790 et du 22 juillet 1791, l'article 471, n.° 5, du » Code pénal, et l'article 161 du Code d'instruction criminelle;

» Attendu, quant au deuxième chef de prévention dirigé contre » l'intervenant, pris dans la violation de l'article 5 du réglement de » voirie fait pour la ville de Lyon, qui *défend d'élever des constructions* » *sans avoir reçu l'alignement de l'autorité municipale, quant aux rues et* » *places qui ne font point partie ni d'une route royale, ni d'une route* » *départementale;* que cette disposition est toute entière dans les » attributions du pouvoir municipal, qu'elle est conforme aux règles » les plus constantes du droit public du royaume; que le soin de » venger son infraction appartient essentiellement au tribunal de » police; d'où il suit qu'en se déclarant incompétent pour en con- » naître, le tribunal de police de Lyon a méconnu les règles de sa » compétence, et a formellement violé les lois du 24 août 1790 et » du 22 juillet 1791, l'article 471, n.° 5, du Code pénal, et l'ar- » ticle 161 du Code d'instruction criminelle;

» Attendu, quant au troisième chef de prévention dirigé contre » l'intervenant, fondé sur la violation de l'article 15 du réglement de » voirie pour la ville de Lyon, portant qu'il ne peut être établi, » sans permission, de grands balcons sur les places et dans les rues » de voirie urbaine; que la disposition de cet article est, sans diffi- » culté, un réglement de voirie urbaine, qui entre essentiellement » dans les attributions de l'autorité municipale; qu'il appartenait aux » juges de police de réprimer l'atteinte qui avait été portée; » d'où il suit qu'en se déclarant incompétent pour en connaître, » le tribunal de police de Lyon a méconnu les règles de sa compé-

» tence, et formellement violé les lois précitées, casse &c. » *Du 30 mars 1827, Cour de cassation, chambre criminelle. Rapporteur, M. Garry, conclusions de M. Fréteau de Pény, plaidoiries de M.e Teisseyre.*

On demande aussi, comme vous l'avez vu, Monsieur le Comte, la modification des réglemens de voirie relatifs à la nature, à la qualité et à l'emploi des matériaux de construction.

Ces réglemens sont peu nombreux. Je ne connais qu'un jugement du maître général des bâtimens sur les murs en fondation, sous la date du 29 octobre 1685;

Un réglement du maître général des bâtimens, en date du 1.er juillet 1712, relatif aux constructions en pans de bois et aux entablemens;

Un ou deux réglemens sur les pans de bois, à-peu-près du même temps;

Et enfin quelques ordonnances de police, plus ou moins anciennes, concernant les cheminées et les fosses d'aisance.

Mais il existait, avant 1789, une chambre des bâtimens qui avait la police de toutes les constructions, et qui était chargée de veiller à ce qu'elles fussent établies conformément à ce qu'on appelait les règles de l'art de bâtir.

Ces règles n'étaient point écrites; la connaissance s'en acquérait par la pratique; le maintien en était confié à la chambre des bâtimens; elles se transmettaient, par tradition, d'une génération à l'autre, et formaient la jurisprudence.

La chambre avait juridiction sur chacun des entrepreneurs de bâtimens: elle connaissait non-seulement des malfaçons, mais des contestations qui survenaient entre eux et les particuliers, de l'inexécution des marchés, &c. Elle avait la police des ateliers; chaque maçon, sous peine de perdre son état, était tenu de se soumettre à cette juridiction.

Les corporations, les jurandes et maîtrises ayant été supprimées, tous les réglemens de corps et de métiers, toutes les mesures de discipline intérieure, ont aussi disparu. Aujourd'hui est entrepreneur qui veut l'être ; une patente suffit. Chacun aussi peut, à ses risques et périls, employer qui bon lui semble pour construire, même de simples ouvriers à la journée. En cas de contestation, les tribunaux prononcent.

Ainsi, le bureau de consultation de la grande voirie, qui a été formé par votre prédécesseur, Monsieur le Comte, à l'instar de l'ancienne chambre des bâtimens, est loin de réunir des attributions aussi étendues. Il n'a plus ni la surveillance des ateliers, ni la connaissance des débats privés, ni l'arbitrage, ni aucune espèce de juridiction sur les entrepreneurs; mais il croit avoir encore la mission de maintenir l'exécution des règles de l'art de bâtir, telles qu'elles existaient autrefois, et de rattacher les décisions de l'administration actuelle à la jurisprudence de l'ancienne chambre.

En toute matière, la jurisprudence a droit à nos respects; c'est l'œuvre du temps, c'est le fruit de l'expérience. Mais pourtant il faut reconnaître que les règles de l'art de bâtir ne peuvent pas rester éternellement invariables. Exiger que l'on construise maintenant de la même manière que l'on construisait il y a quarante ans, ce serait repousser sans raison toutes les améliorations dues au perfectionnement des arts industriels, aux découvertes nouvelles, aux progrès continuels de l'esprit humain. Les anciennes règles de l'art de bâtir sont nécessairement en désaccord avec l'état actuel des connaissances sur la matière.

Il est temps, pour l'administration, de secouer le joug des usages et des traditions, et de laisser la carrière ouverte à l'industrie.

On voulait autrefois qu'un bâtiment eût une solidité telle, qu'il pût durer plusieurs siècles. En Angleterre, au contraire, on se borne à une solidité relative; c'est pour trente, quarante, cinquante ans seulement qu'on bâtit : la durée est moindre, mais le produit du capital employé est beaucoup plus élevé. Le père de famille peut croire que la prudence lui conseille de suivre le premier système; l'économiste accorderait peut-être la préférence au second, qui présente l'avantage de donner, dès à présent, un plus grand revenu, et, en laissant beaucoup de choses à faire ou à recommencer dans l'avenir, d'assurer à perpétuité du travail à une classe nombreuse d'ouvriers, de fournisseurs, d'artisans.

Que le bureau de consultation de la voirie renonce donc à la tutelle des intérêts privés, et qu'il n'envisage les constructions que dans leurs rapports avec l'intérêt général. Qu'il s'oppose à tout mode de construction qui compromettrait la sûreté des habitans; qu'il assure la stricte exécution des réglemens faits en vue de prévenir l'incendie, de ceux encore qui concernent les constructions des fosses d'aisance; mais que là se borne son action. Lorsqu'il a obtenu ces garanties d'ordre public, de quelque manière qu'elles lui soient données, il a, ce me semble, accompli tous ses devoirs; il a même épuisé toutes ses attributions.

Non-seulement, Monsieur le Comte, les constructeurs réclament une liberté illimitée, en quelque sorte, dans le choix et l'emploi des matériaux de construction, mais ils sollicitent aussi une mesure dont l'effet serait de réduire beaucoup le prix des constructions.

Le sol de Paris, disent-ils, présente sur tous les points, et surtout dans la partie du nord, les élémens nécessaires pour la grosse construction, sans qu'il soit besoin d'aller chercher au-dehors aucune matière première, sans qu'il soit besoin d'emporter à la décharge des matières dont on peut tirer parti sur place.

Quel inconvénient y aurait-il à permettre aux constructeurs d'établir, dans les quartiers neufs, des fours à chaux et à briques, puisque l'on y trouve argile, calcaire et sable?

L'administration municipale pourrait, si elle le jugeait nécessaire, assujettir ces matériaux aux mêmes droits d'octroi que s'ils étaient tirés du dehors; et elle percevrait en plus les droits d'entrée sur le combustible qu'il faudrait employer à leur cuisson.

Les entrepreneurs, de leur côté, auraient le bénéfice que donne la fabrication, et gagneraient les frais de transport ; différence considérable, car la brique des environs de Paris revient à 45 francs le mille, et la brique de même qualité, fabriquée dans Paris, ne reviendrait qu'à 20 francs, non compris les droits d'octroi.

Les fondations pourraient être faites en béton. Le bétonage, à cause de la liaison intime de toutes ses parties, serait bien préférable, sur-tout dans les sols anciennement excavés, à la fondation en moellons, qui ne présente le plus souvent que des plaquettes adossées. Il y aurait, d'ailleurs, économie notable.

Il est vrai que la fabrication de la chaux est rangée dans la classe des établissemens qui doivent être éloignés des villes ; mais l'autorisation demandée ne serait que provisoire ; on en limiterait la durée ; et d'ailleurs les quartiers dans lesquels ces établissemens seraient formés, ne sont, jusquà présent, entourés d'aucune habitation qui pût en être incommodée.

Quant à la perception des droits, elle pourrait se faire très-facilement.

Il suffirait de régler le cube du vide opéré dans le terrain ,

à Brique,
Tuiles,
Mottes de terre glaise,
Argile,
Moellon,
Pierre,
Chaux;

de fixer le rapport de la terre brute aux matériaux en œuvre ; et le cube de ces matériaux donnerait lieu à l'application du tarif de l'octroi, sur engagemens à trois mois et à trois signatures, comme pour les arrivages par eau.

Enfin, Monsieur le Comte, le dernier moyen indirect proposé est l'élargissement des rues étroites de Paris.

Ce grand objet d'utilité publique est depuis bien long-temps présent à votre pensée, Monsieur le Comte : chaque année vos rapports au conseil municipal y ramènent son attention. Que d'appels n'avez-vous pas faits aux capitalistes, aux spéculateurs! Assurément, s'ils avaient pu lier au percement des quartiers neufs l'élargissement des quartiers anciens, le succès de leurs entreprises n'aurait pas été compromis; car il y a si peu d'espace libre et tant d'encombrement dans la plupart des rues du vieux Paris, que leur élargissement, surtout s'il était combiné avec des mesures qui réglassent la largeur des cours et la hauteur des constructions intérieures, forcerait la population, accumulée dans le centre, à s'étendre, et, de proche en proche, elle refluerait jusqu'à la circonférence.

Une compagnie s'était formée pour répondre à vos vues; elle comptait pour fondateurs les personnes les plus recommandables; ses combinaisons avaient obtenu l'approbation du conseil d'état: vous savez, Monsieur le Comte, quel obstacle elle a rencontré.

Le moment actuel est sans doute moins favorable pour recomposer cette compagnie ou toute autre semblable : l'objet en est pourtant si utile, et l'on peut dire même si honorable, qu'il est permis de croire que vous ne feriez pas un appel inutile à la plupart des personnes qui avaient en quelque sorte accepté le patronage de la première entreprise.

Je parle d'une compagnie, Monsieur le Comte, parce que, vous en êtes convaincu, l'administration ne peut pas par elle-même mener à bien une opération aussi vaste : elle a besoin, pour réussir, de l'habileté, des ressources, de la liberté d'action de l'intérêt particulier. C'est seulement avec l'aide des compagnies que l'administration peut arriver plus vîte, et, je ne crains pas de le dire, plus économiquement à son but. C'est sur-tout par leur seul concours qu'elle peut parvenir à introduire, dans l'économie des constructions particulières, de grandes améliorations que le morcellement, la subdivision infinie des propriétés dans les anciennes rues, rendent presque impraticables dans le système d'une suite de traités partiels : car, comment espérer qu'une maison, même neuve, puisse être sainement disposée, lorsque l'emplacement qu'elle occupe ne présente ni une largeur ni une profondeur suffisantes? Une compagnie seule peut arriver à réunir plusieurs propriétés contiguës, à les diviser plus convenablement; seule, elle peut se prêter à toutes les innovations reconnues utiles, et, par la régularité de ses opérations et l'unité de ses vues, donner de l'ensemble, et par conséquent une véritable utilité, à tous les perfectionnemens que réclame l'hygiène publique. Et pour obtenir ces avantages, il ne serait pas nécessaire que la ville s'imposât de beaucoup plus grandes dépenses que celles qu'elle fait aujourd'hui : il faudrait seulement qu'elle en réglât différemment l'emploi; il faudrait sur-tout qu'elle donnât de la fixité aux crédits qu'elle destine annuellement à cet objet, afin que les capitalistes pussent se livrer avec sécurité à des opérations qu'ils ne consentiraient pas à entreprendre si l'allocation des crédits municipaux devait être remise en question chaque année.

Voici, Monsieur le Comte, ce qu'il faut entendre par la demande que font les capitalistes de secours en argent ou en crédit. Ils voudraient former entre eux une sorte d'association dans laquelle n'entreraient que des hommes recommandables, dont l'admission ne pourrait avoir lieu qu'avec le consentement des trois quarts au moins des sociétaires.

Chaque membre apporterait ses immeubles à la compagnie, suivant une évaluation très-modérée que feraient les sociétaires : la compagnie lui ouvrirait un crédit égal aux trois quarts seulement de l'évaluation.

L'emploi du crédit serait déterminé d'avance et surveillé sévèrement par la compagnie.

Le remboursement aurait lieu au fur et à mesure des ventes, et, à chaque renouvellement des valeurs données par la compagnie à ses membres, une retenue, indépendante de l'intérêt, serait faite, tant pour fournir aux frais d'administration que pour former un fonds de réserve.

Le bénéfice des capitalistes serait, outre l'intérêt à 6 p. c/o, une commission à chaque renouvellement des effets en circulation.

On a, dit-on, la certitude de trouver les fonds nécessaires à l'exécution du projet, si la ville consent à garantir par une sorte d'aval les engagemens de la société, jusqu'à concurrence seulement du produit des droits d'octroi qu'elle percevrait sur les matériaux qui seraient employés par cette société.

La ville aurait à son tour, pour garantie matérielle, les immeubles, dont l'évaluation, quoique modérée, aurait dû préalablement obtenir son approbation ou celle des capitalistes prêteurs;

Le quart de cette valeur estimative, puisque le crédit accordé à chacun des sociétaires ne pourrait s'élever que jusqu'à concurrence des trois quarts de l'estimation;

Le fonds de réserve;

Et enfin, comme garantie morale, la surveillance intéressée de tous les sociétaires, que la solidarité de l'engagement porterait à ne point exagérer les évaluations d'immeubles, et à donner au crédit de chacun des membres une sage direction.

En définitive, la ville, dans l'hypothèse la plus défavorable, ne serait exposée à perdre que les droits d'octroi provenant des entreprises mêmes qu'elle aurait secourues.

La seconde mesure que les pétitionnaires considèrent comme pouvant exercer une influence directe et puissante sur leurs entreprises, consisterait à exempter de contribution, pendant un certain nombre d'années, toutes les propriétés bâties dans les quartiers nouveaux.

Vous savez, Monsieur le Comte, que déjà toutes les maisons neuves sont exemptes de contributions pendant trois ans; il s'agirait donc d'étendre cette faveur jusqu'à quinze ou vingt ans. Les opinions sont très-partagées sur la légalité de cette mesure; mais, à ne la considérer ici que sous le point de vue d'équité, il me semble qu'elle ne blesserait aucun intérêt.

Les terrains nus dont il s'agit entrent aujourd'hui pour une part extrêmement faible dans la répartition des charges imposées à la propriété foncière : quel préjudice éprouveraient donc les autres contribuables, si, en maintenant la taxe à laquelle ces terrains sont à présent soumis, on dispensait, pendant un certain temps, de la contribution foncière, les constructions qui y seraient élevées? La position des autres propriétaires, en ce qui concerne l'impôt, ne resterait-elle pas la même? Tant que les terrains ne se couvriront pas de constructions, ils ne supporteront pas une contribution plus forte ; et si l'exemption sollicitée y amenait des constructions, elles seraient, dans quelques années, frappées d'une part de contribution qui viendrait dégrever d'autant celle des anciennes maisons.

Mais, dit-on, les constructions nouvelles diminueront, par leur concurrence, les chances de location pour les propriétaires des anciens quartiers. La réponse se trouve dans l'accroissement continuel de la population, dans la disproportion actuelle des maisons avec les habitans : et d'ailleurs, les propriétaires des anciens quartiers n'ont-ils pas pour eux toutes les chances favorables d'exploitation? La concurrence les forcera peut-être a baisser les prix de location; mais serait-ce un mal? Le prix actuel est exorbitant : en 1817, le loyer du Parisien ressortait à 89,37 par tête, ou par ménage de 3 personnes à 267 francs. L'augmentation de 25 p. o/o sur les loyers porte le chiffre à 333, ou par personne 111 francs, ce qui dépasse de beaucoup la moyenne des ressources individuelles. Aussi, qu'arrive-t-il? qu'un très-grand nombre de personnes que leurs travaux ou leurs affaires appellent tous les jours à Paris, se décident à ne pas y résider, et vont loger, pour moins dépenser, tout auprès, à ses portes. C'est ainsi que nous voyons le village des Batignoles, formé depuis quelques années, prendre de plus en plus de l'importance : il renferme déjà près de 10,000 ames, et l'on y bâtit encore de tout côté, tandis que les terrains intermédiaires, formant le nouveau quartier d'Europe, et dont le prix est moins élevé, ne trouvent pas d'acquéreurs.

N'est-ce donc pas un devoir pour l'administration locale de s'inquiéter d'un état de choses qui tend à enrichir des communes voisines au détriment de Paris ? L'intérêt d'une classe de propriétaires doit-il prévaloir, dans ses déterminations, sur l'intérêt de tous? ou plutôt ces propriétaires ne sont-ils pas eux-mêmes intéressés à la prospérité commune ?

Rien n'empêche, au surplus, d'accorder la même exemption d'impôt indistinctement à tous les propriétaires des anciens quartiers, qui, dans un temps fixé, reconstruiraient leurs maisons sur l'alignement ; je veux dire qu'après l'expiration de trois années d'immunité, qui sont accordées par la législation actuelle, les maisons reconstruites ne supporteraient pas, pendant le nombre d'années à déterminer, une contribution plus forte que celle qu'elles supportaient avant leur reconstruction.

Ce serait un puissant moyen d'obtenir le prompt élargissement des rues étroites, sans déranger l'équilibre de la contribution, et je crois que personne n'aurait raisonnablement à se plaindre.

Les propriétaires des quartiers neufs, en même temps qu'ils partageraient les avantages directs de cette mesure avec les propriétaires des vieux quartiers, trouveraient aussi leur compte à l'élargissement des rues étroites, qui repousserait la population aux extrémités.

Les propriétaires des maisons situées dans les rues étroites, et qui les feraient reconstruire à l'alignement, verraient le nombre de leurs locataires diminuer, mais le produit locatif de leurs maisons s'augmenter, parce que l'élargissement des rues y aurait attiré le commerce et l'industrie.

Enfin, les propriétaires des maisons maintenant alignées, n'auraient point à se plaindre, parce que l'exécution d'aussi grands travaux aurait infailliblement sur le commerce et la prospérité de la capitale, une influence heureuse dont ils profiteraient en attendant le moment où leurs propriétés seraient dégrevées, par l'effet de la plus-value que les autres auraient acquise.

Ici, Monsieur le Comte, doit se terminer mon travail. La proposition que font les propriétaires de terrains de vendre à la ville des emplacemens propres à former, par la suite, des établissemens communaux, ne donne lieu à aucune question administrative; et quant aux mesures spéciales réclamées dans l'intérêt de chacune des opérations, il est tout-à-la-fois utile et convenable que la commission elle-même entende à cet égard les intéressés.

Je suis avec respect &c.